現代企業とステークホルダー
――ステークホルダー型企業モデルの新構想――

水村典弘著

文眞堂

はじめに

　現代の資本主義社会の構成単位としての個人または集団には，無制限または一定の範囲内での諸権利が保障されている．近年，そのような個人または集団のなかでも，企業に対する固有の要求の実現を権利として主張しうる個人または集団が，企業のステークホルダー（stakeholder）として認識されるようになってきている．

　本書は，現代の資本主義社会における私企業一般を研究対象として，企業の行動様式がステークホルダーの行動様式によって規定されているという状況認識の根拠を明示するものである．

　企業とステークホルダーとの間の関係が研究対象として議論されるようになったのは，1970年代以降のアメリカ経営学においてである．そして，21世紀に入って，企業とステークホルダーとの間の関係の解明に向けた研究（＝以下，ステークホルダー研究と表記）は，アメリカ経営学に所定の位置を占めるようになってきている．

　企業とステークホルダーとの間の関係に関しては，アメリカの経済界ならびに経営学研究者の間で様々な内容と性質の議論が展開されてきている．たとえば，特定企業における「従業員重視の経営」ならびに，アメリカにおいて理解されている様態での「日本的経営」が，ステークホルダー・マネジメント（stakeholder management）の典型事例として紹介されている場合もある．また，ステークホルダーが，特定の組織（例；NGO［nongovernmental organization；非政府組織］またはNPO［nonprofit organization；非営利組織］）を指して用いられている場合もある．本書は，こうしたアメリカにおける議論の混乱を整理するものである．

　ステークホルダー概念が日本の経営学研究者の間で使用されるようになっ

たのは，1990年代以降である。しかし，アメリカの経営学研究者の間で一定の熟成期間を経たステークホルダー研究の内容が日本の経営学研究者の間で十分に理解されているとは言い難い。筆者は，既存の研究成果の一部に，次のような理解が見過ごされていると考えている。第1に，1970年代以降のアメリカに特徴的な経営環境のなかで，アメリカの経済界においてステークホルダー概念が採用されるようになったという史実が無視されている。第2に，ステークホルダーの分析的定義と総合的定義が区別されていない。第3に，ステークホルダーは株主を包摂する概念であるという理解が軽視されている。第4に，企業とステークホルダーとの間の関係が，当事者間における相互承認を必要とするという点に関する理解と，「善意の第三者」からの確かな承認をも必要とするという点に関する理解が考慮されていない。本書の内容は，既存の研究成果に認めうる諸問題に解決の糸口を提供することを目的として構成されている。

本書の内容構成

序章　現代の資本主義社会におけるステークホルダー
　　　　──前提事項の提示──

　企業と社会の関係様式の変遷の過程において，企業の行動様式はステークホルダーの行動様式によって規定されている。本書の内容全般は，このような状況認識の根拠を明示することを目的として構成されている。序章は，以上の仮説の検証に向けて，本書の内容全般に関わる基本的な事項を設定している。

第1章　企業と社会の関係様式とステークホルダー

　本章は，アメリカ経営学の学説史の検証にもとづいて，企業と社会の関係様式の解明に向けた研究の経過を明確にする。「1. アメリカにおける企業と社会の関係様式」は，アメリカにおける企業観を概観したうえで，1960年代以降のアメリカにおける企業と社会の関係様式の変遷の過程を説明する。

そして，企業と社会の関係様式の解明に向けた研究は，アメリカ経営学に，「企業と社会」（Business and Society；略称B&S）論という研究領域を確立することとなる。「2.『企業と社会』論の確立と展開」は，「企業と社会」論内部の理論形成の諸段階における特徴を最も典型的に示すような学術研究上の重要事項を整理する。「企業と社会」論の確立期は，企業と社会の関係様式に変化の兆候が見られた時期でもある。当時のアメリカでは，様々な権利の保護を理念として掲げた運動が活発化していた。そして次第に，企業に対する固有の要求の実現を権利として主張しうる個人または集団が，ステークホルダーとして認識されるようになる。ほぼ同時期に，ステークホルダー研究の構築に向けた基盤的なプロジェクトが実施されている。「3. ステークホルダー研究の構築」は，アメリカ経営学に占めるステークホルダー研究の位置を明確にするために，ステークホルダー研究の構築に向けた基盤的なプロジェクトの内容を整理したうえで，ステークホルダー研究に関する目的論的解釈と方法論的特徴を確定する。

第2章　ステークホルダー研究の学説史

本章は，ステークホルダー概念の起源を確定したうえで，アメリカ経営学の各研究領域で分散的に採用されているステークホルダー・アプローチに横断的な論点を設定する。「1. ステークホルダー概念の起源」は，ステークホルダーの英語表記"stakeholder"の語源を特定したうえで，ステークホルダー概念の歴史的意味と経営学的意味を確定する。「2. ステークホルダー・アプローチの検討」は，アメリカ経営学の各研究領域のなかでも，企業戦略論・戦略経営論，「企業の社会的責任」論，「企業と社会」論，企業統治論，企業倫理論という研究領域において採用されてきているステークホルダー・アプローチの動向を検討する。「3. ステークホルダー・アプローチの統合」は，社会科学方法論の構成要素——概念規定，理論的研究，実践的研究——に準拠して，ステークホルダー・アプローチに横断的な論点を設定する。本書において採用されている論点とは，（論点1）ステークホルダー概念の規定，（論点2）ステークホルダー理論（stakeholder theory），（論点3）ステー

クホルダー・マネジメントである。論点1・論点2・論点3は，ステークホルダー研究に関する基本的な論点（＝以下，ステークホルダー研究の論点と表記）を構成するものである。

第3章　企業とステークホルダー

　本章は，ステークホルダー概念の基礎を確認したうえで，ステークホルダー認識の構造を明確にする。「1．ステークホルダーの概念的基礎」は，ステークホルダーの分析的定義と総合的定義の区別を明確にする。ステークホルダーの分析的定義は，ステークホルダーの存在を現象的かつ個別的に規定する。ここに，ステークホルダーとして特定可能な個人または集団は複数種類実在するという見方が成立する。他方，ステークホルダーの総合的定義は，ステークホルダーの存在を本質的かつ集合的に規定する。ここに，ステークホルダーとして一括可能な個人または集団が存在するという見方が成立する。「2．経営者におけるステークホルダー認識の構造」は，ステークホルダー認識の要素を確定したうえで，各要素間の機能的な関係を確定する。「3．ステークホルダー概念の諸分類法」は，ステークホルダー概念の諸分類法の類型と意義を提示する。

第4章　ステークホルダー理論とステークホルダー・マネジメント

　本章は，ステークホルダー理論とステークホルダー・マネジメントとの間の論理的な整合性を確定する。「1．ステークホルダー理論の構成要件」は，ステークホルダー理論におけるテーゼ（thesis）を確定する。「2．ステークホルダー理論の論理構造」は，社会科学における理論としてのステークホルダー理論の構造を明確にする。そして，ステークホルダー理論における公理（axiomatic principles）は，ステークホルダー・マネジメントとして公式化することができる。「3．ステークホルダー・マネジメントの構想」は，ステークホルダー・マネジメントの基本原則とフェーズを提示したうえで，ステークホルダー・マネジメントのモデルを整理する。

第5章　ステークホルダー・マネジメントの現代的意義

　本章は，ステークホルダー・マネジメントの現代的意義を明確にするために，ステークホルダーの行動様式の変化を記述する。「1. ステークホルダーの行動様式の変化」は，ステークホルダーの行動様式が，(1) ステークホルダー・パワーの行使，(2) ステークホルダーの行動様式の多様化，(3) ステークホルダー間の連携の強化——として現象するという事実を理論的に説明する。「2. ステークホルダー・マネジメントの確立の条件」は，ステークホルダーの行動様式の変化を前提条件として，ステークホルダー・マネジメントの確立の条件を提示する。条件の第1は，ステークホルダーの権益の尊重に関わる社会的合意の形成である。条件の第2は，ステークホルダーの存在と活動に対する法的・社会的合意の形成である。「3. 経営管理者とステークホルダー・マネジメント」は，現代の資本主義社会における企業のステークホルダーの存在価値の変化を踏まえたうえで，経営管理者とステークホルダーとの間の交渉の過程と，ステークホルダー間の利害調整の諸基準を提示する。

補論1　戦後日本の経営学における企業と社会

　戦後日本の経営学の発展の諸段階において，企業と社会の関係様式の解明に向けた研究もまた所定の位置を占めている。なお，戦前の日本では，1926年から1928年にかけて，『企業と社会』という雑誌が同文舘から定期刊行されていた。そして，戦争終結直後の日本の経営学は，戦前ならびに戦時下の日本における企業経営に対する反省と，戦後日本の「経済民主化」政策の促進という時代状況を反映して，「企業の健全な運営」を標榜していた。「1. 戦後日本の『経済民主化』と『パブリック・リレーションズ』」は，戦後日本の経営学研究者が吸収と普及に努めていた「パブリック・リレーションズ」の内容を検討する。「2. 日本経済の『高度成長』と『企業の社会的責任』」は，1950年代から1970年代に噴出した日本国内における社会問題とその解決に向けた日本社会全体の対応を検討する。特に1970年代は，企業と社会の関係様式の解明に向けた研究が日本の経営学研究者の間で開花した

時期である。しかし，1970年代後半以降，日本の経営学における中心的課題は，「日本的経営」ならびに「企業の国際化」を経て，「経営戦略」に移行することとなる。「3.『バブル経済』の崩壊と『企業における倫理』」は，「バブル経済」崩壊以後，ステークホルダー概念が日本の経営学研究者の間で議論されるようになった経過を検討する。

補論2　現代日本における企業とステークホルダー

現代日本において，ステークホルダー概念ならびに「企業の社会的責任」が議論されるようになった背景には，企業活動のグローバル化の進展とそれに伴うステークホルダーの構成要素の増加という実態を挙げることができる。特に1990年代以降，日本企業が解決すべき現実的な経営課題の根本的な解決と再発防止を図るためには，企業の経営管理者が，資本主義社会の構成単位としての個人または集団に保障された様々な権利とそれにもとづいて主張される要求の内容を適時的確に読み解く作業が急務となっている。「1.『株主主権型企業モデル』の修正と『企業の社会的責任』」は，現代日本における「株主主権型企業モデル」の修正の兆候を明らかにしたうえで，「企業の社会的責任」の現状を確認する。「2. 企業活動のグローバル化とステークホルダー」は，企業活動のグローバル化の進展とそれに伴うステークホルダーの構成要素の変化という実態について，日本企業が1990年代から2000年代にかけて経験した事実を踏まえて検討する。

結章　超・ステークホルダー型企業モデルと企業の存在価値
　　　――確認事項の提示――

本書は，企業と社会の関係様式の変化の過程において，企業の行動様式がステークホルダーの行動様式によって規定されているという状況認識の根拠を明示するものである。結章は，本書の内容全般の総括を提示する。

＊

現代の資本主義社会において，企業とステークホルダーとの間の関係の構

築は重要な経営課題となっている。本書の内容が，企業とステークホルダーとの間の関係に関心をもたれる研究者と，ビジネスパーソンに広く受け容れられることを願っている。筆者は，各章の内容を独立させ，読者が関心をもたれる章を単独で読まれても理解が損なわれないように心掛けた。なお，読者が本書の内容を確認なさる際には，序章に提示されている前提事項とその解説を確認頂ければ，本書の内容が明確になるかと思う。

　本書の刊行に至るまで，筆者は数多くの先生方の御指導を仰いできている。明治大学名誉教授・作新学院大学大学院経営学研究科教授 中村瑞穂先生には，明治大学商学部および同大学院商学研究科における研究指導から現在に至るまで，御指導を仰いできている。今なお温かく見守ってくださる中村先生に心からなる感謝を込めて，厚く御礼を申しあげたい。明治大学商学部教授 風間信隆先生には，博士学位論文の作成時より現在に至るまで，御指導を仰いできている。風間先生は，常日頃，実践研究の重要性を説かれている。風間先生の御指導を思い起こしつつ，博士学位論文に大幅な加筆と修正を施したものが本書である。明治大学商学部教授 出見世信之先生にもまた，貴重な御意見と御提案を賜ってきている。本書の刊行を以って，御三方の学恩に報いることが少しでも適うならば，筆者としてこれ以上の幸せはない。

　本書は，日本国内外の数多くの方々の研究成果とその恩恵を受けて生み出されたものである。浅学な筆者が本書の公刊に至った理由は，ひとえに，現在に至るまでの研究成果を世間の評価に付してみたいという思いに駆られたからである。本書の内容は，学会発表において諸先生方より賜った貴重な御意見と，日本取締役協会企業倫理委員会において皆様方より拝した御意見を反映すべく努力している。今後も，御指導を賜りたくここにお願い申しあげたい。筆者は現在，埼玉大学経済学部に奉職している。現在の恵まれた研究環境を最大限に活かして，今後も研究内容の精緻化と発展に望む所存である。

　本書は，埼玉大学経済学部経済学会の出版助成を受けて刊行されているものである。埼玉大学経済学部の諸先輩方の日ごろの温かい御指導に対して，

厚く御礼を申しあげたい。

　本書を出版に導いてくださったのは，株式会社文眞堂常務取締役企画部長前野隆氏である。学術研究書の出版が極めて困難な時期にあって，文眞堂にて出版の機会を得られたことは，筆者にとってこれに勝る幸福はない。厚く御礼を申し上げる。

2004年7月

水村典弘

目　　次

はじめに

序章　現代の資本主義社会におけるステークホルダー ………… 1
　　　――前提事項の提示――

第1章　企業と社会の関係様式とステークホルダー …………… 12
　　1.　アメリカにおける企業と社会の関係様式………………… 12
　　2.　「企業と社会」論の確立と展開 …………………………… 19
　　3.　ステークホルダー研究の構築……………………………… 30
　　4.　小括 …………………………………………………………… 37

第2章　ステークホルダー研究の学説史 ………………………… 43
　　1.　ステークホルダー概念の起源……………………………… 43
　　2.　ステークホルダー・アプローチの検討…………………… 45
　　3.　ステークホルダー・アプローチの統合…………………… 59
　　4.　小括 …………………………………………………………… 60

第3章　企業とステークホルダー ………………………………… 64
　　1.　ステークホルダーの概念的基礎…………………………… 64
　　2.　経営者におけるステークホルダー認識の構造…………… 68
　　3.　ステークホルダー概念の諸分類法………………………… 72
　　4.　小括 …………………………………………………………… 77

第4章　ステークホルダー理論とステークホルダー・
　　　　マネジメント …………………………………………… 80
　　1．ステークホルダー理論の構成要件………………………… 80
　　2．ステークホルダー理論の論理構造………………………… 82
　　3．ステークホルダー・マネジメントの構想………………… 84
　　4．小括……………………………………………………… 91

第5章　ステークホルダー・マネジメントの現代的意義 ……… 93
　　1．ステークホルダーの行動様式の変化……………………… 93
　　2．ステークホルダー・マネジメントの確立の条件………… 96
　　3．経営管理者とステークホルダー・マネジメント………… 98
　　4．小括……………………………………………………… 103

補論1　戦後日本の経営学における企業と社会 ………………… 106
　　1．戦後日本の「経済民主化」と「パブリック・リレーションズ」…… 106
　　2．日本経済の「高度成長」と「企業の社会的責任」……… 110
　　3．「バブル経済」の崩壊と「企業における倫理」………… 118
　　4．小括……………………………………………………… 122

補論2　現代日本における企業とステークホルダー …………… 127
　　1．「株主主権型企業モデル」の修正と「企業の社会的責任」…… 127
　　2．企業活動のグローバル化とステークホルダー…………… 130
　　3．小括……………………………………………………… 137

結章　超・ステークホルダー型企業モデルと企業の存在価値 …… 149
　　　　──確認事項の提示──

付属資料　ステークホルダー・マネジメントの基本原則 ……… 152

事項索引
人名索引

図 一 覧

図序-1. 資本主義社会の構成単位とステークホルダー……………… 3
図序-2. 経営管理者におけるステークホルダー認識の範囲………… 4
図序-3. 理論的研究と実践的研究の相関関係………………………… 9
図1-1. 企業倫理の課題事項のモデル………………………………… 14
図1-2.「企業と社会」論の研究者の役割……………………………… 23
図1-3.「企業の社会的責任」のピラミッドモデル…………………… 25
図3-1. ステークホルダーの分布図…………………………………… 65
図3-2. ステークホルダーの総合的定義……………………………… 66
図3-3. 経営者におけるステークホルダー認識……………………… 69
図3-4. 経営者における責務の2類型………………………………… 72
図3-5. ステークホルダーの総合的定義にもとづく分類法（その1）… 74
図3-6. ステークホルダーの総合的定義にもとづく分類法（その2）… 76
図4-1. ステークホルダー理論の論理構造…………………………… 83
図4-2. ステークホルダーの分布状況………………………………… 86
図4-3. ステークホルダーのタイプと経営管理者の行動様式……… 87
図5-1. ステークホルダーの行動様式………………………………… 94
図5-2. 経営資源の統制に向けた経路………………………………… 95

序章
現代の資本主義社会におけるステークホルダー
―― 前提事項の提示 ――

　企業と社会の関係様式の変遷の過程において，企業の行動様式はステークホルダーの行動様式によって規定されるようになってきている。序章は，このような仮説の検証に向けて，9項目の前提事項を設定するものである。前提事項とは，本書の内容全般に関わる基本的な事項であり，本書の結論を導き出すうえでの要件を構成している。

　前提事項1・2・3・4・5は，現代の資本主義社会における企業とステークホルダーとの間の関係を現象論として取り扱う際に検討すべき事項を提示する。前提事項1は，資本主義社会に特徴的な経営課題の原因を特定したうえで，ステークホルダー研究の発展の過程で採用されてきている課題解決の方向性を提示する。前提事項2は，資本主義社会の構成単位とステークホルダーの相関関係を確定する。前提事項3は，ステークホルダー認識の行為主体の範囲を確定する。前提事項4は，ステークホルダーの構成要素の可変要因を確認する。前提事項5は，「専門的経営管理者（professional manager）」（＝以下，経営管理者と表記）の養成に向けて，専門職大学院（professional school）における経営管理教育（management education）に期待されている役割を提示する。

　前提事項6・7・8・9は，企業とステークホルダーとの間の関係を経営学の研究対象として取り扱う際に検討すべき事項を提示する。前提事項6は，企業とステークホルダーとの間の関係の解明に向けた基盤的なプロジェクトの概要を紹介する。前提事項7は，ステークホルダー研究の思想的基盤を確定する。前提事項8は，社会科学方法論の構成要素に準拠して，ステークホ

ルダー研究の論点を設定する。前提事項9は,「ステークホルダー型企業モデル」の特徴を確定したうえで,「超・ステークホルダー型企業モデル」という新機軸を構想する。

> 前提事項1：現代の資本主義社会は，多元的な価値観の存在を受け容れている。それゆえ，企業が解決すべき現実的な経営課題（＝課題事項［issues］および懸案事項［problems］）もまた資本主義社会の構成単位相互の利害関係が複雑に交錯した状態で顕在化するようになってきている。このような性格の経営課題を原因と結果の因果関係で説明する際には，資本主義社会の構成単位としての個人または集団に保障された諸権利とそれにもとづいて主張される要求の内容を読み解く必要がある。

現在もなお権利意識に絶えず自覚的であり，権利意識の普及をいわば国家の理念として掲げ，グローバル社会における権利意識の浸透を目標として先取的に取り組んできている代表的な国家はアメリカである。そして，21世紀を迎えた今，権利尊重の理念は，アメリカという国家だけではなく，現代の資本主義社会の基盤を確実に形成している。

現代の資本主義社会を読み解く際に，権利の尊重という価値基準は重要である。特に，現代の資本主義社会において緊急の解決を要するような性格の経営課題の背後には，複雑に絡み合った状態での様々な利害関係が見え隠れしている。それゆえ，企業が解決すべき現実的な経営課題の根本的な解決と再発防止を図るためには，企業の経営管理者が，資本主義社会の構成単位としての個人または集団に保障された諸権利とそれにもとづいて主張される要求の内容を適時的確に読み解く必要がある。

> 前提事項2：資本主義社会の構成単位としての個人または集団のなかでも，企業に対する固有の要求の実現を権利として主張しうる個人または集団は，企業のステークホルダーである。

図序-1. 資本主義社会の構成単位とステークホルダー

 ステークホルダーの英語表記"stakeholder"の語源は,「正当な所有権を主張する移住民」である(Julius, 1997, p.454)。Columbus(1451～1506)によって新大陸が発見されて以降,新大陸への移住民は各人所有の土地の周囲に支柱(posts)や杭(stakes)を打ち立て,土地所有権の保有を第三者に主張していたと言い伝えられている。その後,開拓時代に入って,土地の周囲に支柱または杭を打ち立て自己の所有権を主張していた移住民は,ステークホルダーと呼ばれるようになる。

 そして,1960年代以降のアメリカにおいて,資本主義社会の構成単位としての個人または集団のなかでも,企業に対する固有の要求の実現を権利として主張しうる個人または集団が,企業のステークホルダーとして認識されるようになる。

 図序-1によれば,企業に対する固有の要求の実現を権利として主張しうる個人または集団には,(1)権利行使という選択肢と,(2)権利放棄または権利不行使という選択肢がある。選択肢の第1は,ステークホルダーとしての適格事由に該当する。選択肢の第2は,「権利の上に眠る者は保護されない」という文言の意味内容を考慮すれば,ステークホルダーとしての欠格事由に該当する。理由は,企業に対する固有の要求の実現を権利として主張しうる個人または集団が,対象企業に対して権利を行使しなければ,対象企業のス

テークホルダーとして認識されえないからである。

しかし、選択肢の第2のような性格の個人または集団が現時点で権利放棄または権利不行使を選択したとしても、未来の時点で権利行使を選択する可能性を否定することはできない。1970年代における Ackerman and Bauer (1976) の構想「企業の社会的即応性」（corporate social responsiveness）の視点に立てば、不確実性が高い経営環境のなかで、企業の存続は事後的（reactive）な対応ではなくむしろ事前予測的（proactive）な措置によって実現すると考えられている。したがって、本書の内容に関して、ステークホルダーとして特定可能な個人または集団は、権利行使を選択するであろう個人または集団と、権利放棄または権利不行使を選択するであろう個人または集団とを包摂するものとして考えている。

前提事項3：ステークホルダー認識の行為主体としては、(1)経営管理者、(2)ステークホルダーその人自身（それ自体）、(3)社会一般の人々を想定することができる。

ステークホルダー認識とは、ステークホルダーとして特定可能な個人または集団がステークホルダーとして認識される過程を指している。本書は、ステークホルダー認識の行為主体として、(1)経営管理者、(2)ステークホルダーその人自身（それ自体）、(3)社会一般の人々を想定するものである。

図序-2. 経営管理者におけるステークホルダー認識の範囲

経営管理者	全般的管理	経営者	全社的なステークホルダー認識
	部門管理	部門管理者	担当部門におけるステークホルダー認識
	現場管理	現場管理者	担当現場におけるステークホルダー認識

第1に、ステークホルダーとして特定可能な個人または集団は、経営管理者によって、ステークホルダーとして認識されるであろう。経営管理者におけるステークホルダー認識の範囲は、経営管理の範疇（＝全般的管

理［top management］・部門管理［middle management］・現場管理［lower management］）に応じて異なる。図序-2によれば，経営者におけるステークホルダー認識の範囲は全社的である。また，部門管理者におけるステークホルダー認識の範囲は担当部門に限定され，現場管理者におけるステークホルダー認識の範囲は担当現場に限定される。

第2に，ステークホルダーとして特定可能な個人または集団は，その人自身（それ自体）によって，ステークホルダーとして認識されるであろう。いわゆる「ステークホルダーの自己認識」である。

第3に，ステークホルダーとして特定可能な個人または集団は，社会一般の人々によって，ステークホルダーとして認識されるであろう。典型的には，不特定多数の個人または集団が，当事者の意思の有無とは無関係に，マスコミまたは世論などによって，ステークホルダーとして社会の表面に押し立てられるような場合である。

ステークホルダー認識の行為主体に関しては，いずれの行為主体も論理的に説明可能であり，実証可能である。なお，本書は，原則的には，ステークホルダー認識の行為主体として，経営管理者を設定するものである。

前提事項4：ステークホルダーの構成要素は，(1) 個別企業・業種・業態ごとに異なり，(2) 地理という空間軸で異なり，(3) 過去・現在・未来という時間軸によって異なる。

ステークホルダーの存在は，企業一般に対して適用可能である。しかし，ステークホルダーの構成要素は，個別企業・業種（例；建設業，食品業，商業，金融・保険業など）・業態（例；製造業，卸売業，小売業など）ごとに異なり，地理（例；国家，地域［例；アジア，大洋州，北米，中南米，欧州［NIS諸国を含む］，中東，アフリカ］）という空間軸で異なる。それゆえ，企業とステークホルダーとの間の関係を千篇一律に記述する作業は，理論は別として現実的には，困難である。また，ステークホルダーの構成要素は，過去・現在・未来という時間軸によって異なる。具体例には，日本企業のス

テークホルダーの構成要素は，長期的に見れば，戦後日本の「経済民主化」の時点と，日本経済の「高度成長」の時点と，「バブル経済」崩壊前後の時点と，現時点とでは異なるであろう。他面，短期的に見れば，昨日の時点における企業のステークホルダーの構成要素と，今日の時点におけるそれも異なるであろう。企業とステークホルダーとの間の関係は，予測困難な経営環境において，静態的ではなく動態的に把握する必要がある。

> 前提事項5：経営管理者には，企業とステークホルダーとの間の信頼関係と協調関係の構築に向けて主導的な役割を果たすことが期待されている。

経営管理者には，個別企業に固有のDNAを尊重しながら，企業とステークホルダーとの間の信頼関係と協調関係の構築に向けて主導的な役割を果たすことが期待されている（Kochan and Schmalensee, 2003, p.4）。

21世紀に入って，アメリカにおける経営大学院（school of management）およびビジネス・スクール（business school）で発行された文書には，経営管理者の判断と行動が依拠すべき行動基準として，企業とステークホルダーとの間の信頼関係と協調関係の構築に向けたガイドラインが採用されるようになってきている。MIT（Massachusetts Institute of Technology；マサチューセッツ工科大学）スローン経営大学院（Sloan School of Management）創設50周年の記念論文集『経営——未来に向けた創案と伝達——』（*Management: Inventing and Delivering Its Future*）の序文には，経営管理者の判断と行動が依拠すべき行動基準として，以下の3項目が提示されている（Kochan and Schmalensee, 2003, pp.4-10）。

⑴　経営管理者は，公開性（openness）と透明性（transparency）と説明責任（accountability）を貫徹させ，広範囲のステークホルダーとの間に信頼関係を構築しその関係を維持しなければならない。

⑵　経営管理者は，広範囲のステークホルダーによって提起されるであろう複雑かつ多様な問題に対処するための準備を整える必要がある。

(3) 経営管理者は，組織と市場に変化を与えうる科学と技術の進歩を制御するための準備を整える必要がある。

現代の資本主義社会において，経営管理者には常に原理原則を基準として状況を判断し，行動することが期待されている。「専門的経営管理者」を指して，「原理原則にもとづく判断と行動が可能な経営管理者」（principled manager）という表現が当てられる所以である。

前提事項6：企業とステークホルダーとの間の関係の解明に向けた研究は，ステークホルダー・プロジェクト（Stakeholder Project）と，株式会社の再定義プロジェクト（Redefining the Corporation Project）を経て，アメリカ経営学に所定の位置を占めるようになる。

ステークホルダー・プロジェクト（1977年～1980年）は，ペンシルベニア大学ウォートンスクール（The Wharton School of the University of Pennsylvania）応用リサーチセンター（Applied Research Center）を拠点として実施されている。同プロジェクトの成果報告書は，同プロジェクトのシニアマネージャーであったフリーマン（Freeman, 1984）の著書『戦略経営――ステークホルダー・アプローチ――』（*Strategic Management: A Stakeholder Approach*）である。同書は，ステークホルダー研究の構築に向けた先駆的かつ道標的な文献として広く知られている。

ステークホルダー・プロジェクト以後の研究成果は，**株式会社の再定義プロジェクト**（1995年～2000年）に結実する。同プロジェクトは，アルフレッド・P・スローン財団（Alfred P. Sloan Foundation）とトロント大学ジョセフ・L・ロトマン経営大学院（The Joseph L. Rotman School of Management at the University of Toronto）クラークソン企業倫理センター（the Clarkson Centre for Business Ethics［現在：Clarkson Centre for Business Ethics & Board Effectiveness］）を拠点として実施されている。同プロジェクトの成果報告書は，Post, Preston, and Sachs（2003）の著書『株式会社の再定義――ス

テークホルダー・マネジメントと組織富――』(*Redefining the Corporation: Stakeholder Management and Organizational Wealth*) である。同書は，ステークホルダー研究における現時点での到達点を提示した文献として広く知られている。

前提事項7：ステークホルダー研究の思想的基盤は，カント主義に設定されている。

Evan and Freeman (1988) の論文「ステークホルダー型現代株式会社論――カント主義的資本主義――」(A Stakeholder Theory of the Modern Corporation: Kantian Capitalism) の内容と，Bowie (1999) の著書『企業倫理――カント主義の観点――』(*Business Ethics: A Kantian Perspective*) の内容には，ドイツの哲学者 Kant (1724～1804) の理論が適用されている。

Evan and Freeman (1988, p.314) は，Kant の定言命法 (categorical imperative) における第2法式 (＝自他の人間性を手段としてだけではなく常に目的として扱うように行為せよ［Stewart, 1996, p.108；訳書，110頁参照］) を理論的根拠として，「企業の究極的な目的は，ステークホルダーの権益 (interests) を調整する手段 (vehicle) として機能することにある」という命題を導き出している。ステークホルダー論者がカント主義者 (Kantian) の系譜に連なっているといわれる所以である。なお，近年に至っては，Phillips (2003) の著書『ステークホルダー理論と組織的倫理』(*Stakeholder Theory and Organizational Ethics*) のように，ステークホルダー研究に，功利主義または「公正 (fairness)」(＝機会均等) という理論が適用される場合もある。

前提事項8：ステークホルダー研究の論点は，社会科学方法論の構成要素――概念規定・理論的研究・実践的研究――に準拠して設定することができる。

社会科学方法論は，様々な要素から構成されている。本書は，社会科学

図序 – 3. 理論的研究と実践的研究の相関関係

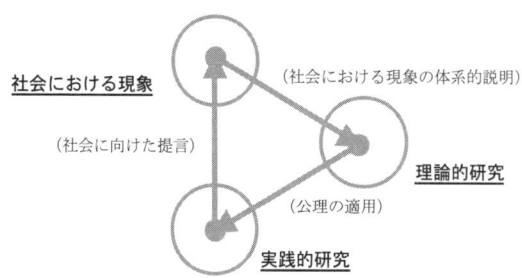

方法論が，概念規定・理論的研究・実践的研究という要素から構成されているという立場を採用する。概念規定は，理論的研究と実践的研究の基盤である。理論的研究は，社会における現象の体系的説明を意図している。理論的研究の過程から導き出された公理は，実践的研究において公式化されている（図序 – 3 参照）。

理論的研究と実践的研究との間の論理的な整合性は，理論的研究における公理の公式化という関係から説明することができる。公理を公式化する理由は，次のとおりである。第 1 に，理論的研究の成果は，現実の社会に開かれた内容を備えていなければならない。第 2 に，社会科学の研究成果は，様々な問題の解決に向けて応用可能でなければならない。ここに，実践的研究の内容は，現代の資本主義社会に特徴的な問題の解決に向けた提言という性格を帯びることとなる。

本書は，社会科学方法論の構成要素——概念規定・理論的研究・実践的研究——に準拠して，以下の論点を設定するものである。

（論点 1）ステークホルダー概念の規定
（論点 2）ステークホルダー理論
（論点 3）ステークホルダー・マネジメント

論点 1 として，本書は，ステークホルダーの分析的定義と総合的定義を区別したうえで，ステークホルダー認識の構造と，ステークホルダー概念に関する諸分類法を整理する。論点 2 として，本書は，ステークホルダー理論の論理構造を明らかにしたうえで，ステークホルダー理論とステーク

ホルダー・マネジメントとの間の論理的な整合性を確定する。論点3として，本書は，ステークホルダー・マネジメントの構想を提示する。ステークホルダー・マネジメントの内容に関しては，**株式会社の再定義プロジェクト**発行の文書「ステークホルダー・マネジメントの基本原則」（*Principles of Stakeholder Management*）に詳しい（Clarkson Centre for Business Ethics, 1999）。論点1・論点2・論点3は，ステークホルダー研究の論点を構成することとなる。

前提事項9：本書は，「ステークホルダー型企業モデル」に内在的な欠陥を超えるモデルとして，「超・ステークホルダー型企業モデル」という新機軸を打ち出している。

近年，「株主主権型企業モデル」の限界を超えるモデルとして，「ステークホルダー型企業モデル」という機軸が打ち出されている。

「ステークホルダー型企業モデル」は，企業と個別ステークホルダー（例；株主，従業員，消費者，取引先など）との間の関係をモデル化している。なお，企業と個別ステークホルダーとの間の関係は，「ステークホルダーの分布図」（*stakeholder mapping*）として記述的に表すこともできる。同様のモデルにおいて，株主・従業員・消費者・取引先は，ステークホルダーの構成要素として想定されている。それゆえ，「ステークホルダー型企業モデル」は，本書の用法に従えば，ステークホルダーの分析的定義にもとづいて構築されていると考えられる。ステークホルダーの分析的定義の特徴は，ステークホルダーの存在を現象的かつ個別的に規定する点にある。

しかし，近年の研究成果に見る「ステークホルダー型企業モデル」では，個別ステークホルダーの行動様式がパターン化されている。たとえ数値モデルを援用して，「ステークホルダー型企業モデル」の有効性を唱えたとしても，同モデルの限界は明らかであろう。さらに，ステークホルダーの構成要素と性格が複雑化している状況にあって，「ステークホルダー型企業モデル」はもはや現代の資本主義社会の構成単位としての個人または集団に無制限ま

たは一定の範囲内で保障された諸権利を的確に反映するモデルではない。

　本書は,「ステークホルダー型企業モデル」に内在的な欠陥を超えるモデルとして,「超・ステークホルダー型企業モデル」という新機軸を打ち出すものである。ここで,「超」(hyper-)という表現を敢えて採用したのは,既存の「ステークホルダー型企業モデル」が,ステークホルダーの分析的定義に基づくモデルとして広く理解されているからである。「ステークホルダー型企業モデル」とは対照的に,「超・ステークホルダー型企業モデル」は,ステークホルダーの総合的定義にもとづいて構築されている。ステークホルダーの総合的定義の特徴は,ステークホルダーの存在を本質的かつ集合的に規定する点にある。したがって,「超・ステークホルダー型企業モデル」は,企業と,企業に対する固有の要求の実現を権利として主張しうる個人または集団との間の関係をモデル化することを目的として構築されている。「超・ステークホルダー型企業モデル」は,21世紀の資本主義社会における企業の存在価値(value)を紐解く際に重要である。

参考文献
Ackerman, R., & Bauer, R., *Corporate Social Responsiveness: The Modern Dilemma*, Virginia: Reston, 1976.
Bowie, N. E., *Business Ethics: A Kantian Perspective*, Massachusetts: Blackwell, 1999.
Clarkson Centre for Business Ethics, *Principles of Stakeholder Management*, Toronto: Toronto University Press, 1999.
Evan, W. E., & Freeman, R. E., "Stakeholder Theory of the Modern Corporation: A Kantian Capitalism", Beauchamp, T. L., & Bowie, N. E. eds., *Ethical Theory and Business*, 3rd edition, New Jersey: Prentice-Hall, 1988, pp.97-106
Freeman, R. E., *Strategic Management: A Stakeholder Approach*, Boston: Pitman, 1984.
Julius, D., "Globalization and Stakeholder Conflict: A Corporate Perspective", *International Affairs*, Vol.73, No.3, 1977, pp.453-468.
Kochan, T. A., & Schmalensee, R. L. eds., *Management: Inventing and Delivering Its Future*, Massachusetts: The MIT Press, 2003.
Phillips, R., *Stakeholder Theory and Organizational Ethics*, California: Berrett-Koehler, 2003.
Post, J. E., Preston, L. E., & Sachs, S. *Redefining the Corporation: Stakeholder Management and Organizational Wealth*, California: Stanford University Press, 2002.
Stewart, D., *Business Ethics*, New-York: McGraw-Hill, 1996.(企業倫理研究グループ訳『企業倫理』[代表中村瑞穂]白桃書房,2001年)

第1章
企業と社会の関係様式とステークホルダー

1. アメリカにおける企業と社会の関係様式

(1) アメリカにおける企業観

　アメリカという国家の発展の諸段階において，企業と社会の関係様式は徐々にではあるがしかし確実に変化してきている。

　Mayson（1959）の編著『現代社会における株式会社』（*The Corporation in Modern Society*）には，1950年代のアメリカにおける企業と社会の関係様式の変化について包括的な説明が展開されている。Mayson（1959）の研究は，30有余年を経て，Kaysen（1996）の研究に引き継がれる。Kaysen（1996）は，その著書『現代のアメリカ企業』（*American Corporation Today*）の冒頭で，1990年代のアメリカの状況と世界の情勢を言い表すために，第30代大統領（1923～1929）Coolidge（1872～1933）の文言「ビジネスはアメリカの本分である」（the business of America is business）を引用して，「ビジネスは全世界の本分である」（the business of the whole world is business）と説く。Kaysenの指摘は，企業活動のグローバル化と相俟って，巨大企業の影響力もまた拡幅してきているという事実を示唆するものである。

　21世紀を目前にして，アメリカでは，企業の実在理由を問い直すプロジェクトが実施されている。代表的には，アルフレッド・P・スローン財団とトロント大学ジョセフ・L・ロトマン経営大学院クラークソン企業倫理センターを拠点として実施された**株式会社の再定義プロジェクト**（1995年～2000年実施）であろう。同プロジェクトの成果報告書は，Post, Preston, and Sachs（2002a）の著書『株式会社の再定義——ステークホルダー・マネジメ

ントと組織富――』である。同書には，企業のなかでも，とりわけ株式会社の実在理由について，次のような見解が記されている。「現代社会およびグローバル経済における，私的な営利法人（the private business corporation）の地位と目的を明確にするためには，それ（＝私的な営利法人［＝公開株式会社］）を理論的かつ実践的に再定義する必要がある。『株式会社の実在理由は株式会社の活動それ自体にある』（Corporations ARE what they DO）という実証的な命題（the empirical maximum）に従えば，株式会社は，富および富以外の便益が提供される構成員（constituents）と不可分の組織体である。株式会社の構成員の大部分は，株式会社の事業活動にとって不可欠な存在となっている。理由は，株式会社の構成員が，①株式会社における投入または産出の過程に寄与しているからであり，②能動的または受動的の別を問わず，経済および社会における機関としての『業務執行の許可証』（*license to operate*）を交付しているからである。このような構成員は，ステークホルダーと呼ばれている。理由は，構成員が，企業における継続的な事業活動と不可分な関係（＝利害得失の関係）を有しているからである。（Post et al., 2002a, p.229)」ここに，Post et al. が提示するモデルは，「ステークホルダー型企業モデル」（the stakeholder view of the corporation）である。

　企業の行動様式がアメリカにおける社会一般（public）の関心を継続的に集めてきている理由について，Carroll and Buchholtz (2003) は，次のように記している。「巨大企業の商品と広告は社会の隅々にまで行き渡っている。結果として，巨大企業には，社会一般の人々の関心が集中的に向けられることとなる。社会一般の人々は規模から権力を連想する。権力の集中機構は詮索の対象となる。（Carroll and Buchholtz, 2003, p.5)」巨大企業が権力の集中機構であるという仮説と，権力の集中機構が社会一般の人々の詮索の対象となるという仮説を受け容れるならば，企業の行動様式は社会一般によって規定されているということになる。それゆえ，時代の推移とともに，企業倫理の課題事項（ethical issues in business）の内容と性格も変化する（図1-1参照）。企業倫理の課題事項とは，企業における実際的な事業活動の水準と，企業の事業活動に対する社会構成員の期待の水準との間の間隔を指し

14　第1章　企業と社会の関係様式とステークホルダー

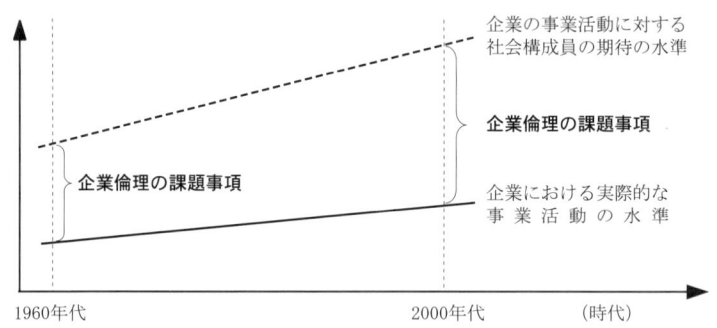

図1-1．企業倫理の課題事項のモデル

備考：Post, J. E., LawrenceA. T., and Weber, J. *Business and Society: Corporate Strategy, Public Policy and Ethics*, 10th edition, New-York: Irwin McGraw-Hill, 2002, p.35.を参考として，筆者が作成した。

ている。なお，図1-1によれば，社会構成員が現時点で「企業犯罪」または「企業不祥事」と見る現象は，過去に遡れば，社会構成員によって認容されていた現象であったと考えることもできる。

⑵　1960年代以降のアメリカにおける企業と社会

　企業と社会の関係様式が積極的かつ広範囲に議論されるようになったのは，1960年代以降のアメリカにおいてである。

　1960年代のアメリカでは，企業の事業活動に関わる社会問題（例；消費者の権利侵害，女性・社会的少数派の権利侵害，人種差別，自然環境破壊）の是正とその解決に向けた集団行動（例；ボイコット，ストライキ，デモ行進）がアメリカ社会全体の支持を獲得していた。このようにして，徐々にではあるがしかし確実に醸成されつつあったアメリカにおける社会的価値観の混乱と対立の構図のなかで，第36代大統領（1963～1969）Johnson（1908～1973）は，公民権法の成立（1964年）を経て，法人組織（例；企業，教育機関）の内部で女性および社会的少数派の雇用を積極的に推し進めるための命令「大統領命令11246」（Executive Order 11246）を発表した。同時並行的に制定された「積極的差別是正措置」（affirmative action）と「割り当て制度」（quota system）は，アメリカという国家の発展の諸段階で醸成されて

きている様々な差別の是正に向けた制度的な基盤となっている（McMahon, 1999, p.348）。

また，公民権運動の高揚とベトナム反戦運動の激化は，60年代（Sixties）のアメリカにおける思想的基盤を形成する。同時代のアメリカでは，ドル本位制度の崩壊，ウォーターゲート事件の発覚，ベトナム戦争への介入の失敗などを原因として，厳しい企業批判が渦巻いていた。1960年代中盤以降の状況変化は，Sethi and Falbe（1987）の編著『企業と社会——対立と協調の諸側面——』（*Business and Society: Dimensions of Conflict and Cooperation*）のなかでも克明に記されている。「1960年代中盤以降，企業と社会の関係様式の解明に向けた研究が深化してきている。1960年代以前，企業と社会の関係は，企業の事業活動という伝統的な視点から検討されていた。しかし1960年代以降，企業と社会の関係は，企業の事業活動が企業以外の社会的な制度に与えうる重大な影響という，捕捉困難かつ複雑な意味で検討されるようになる。企業の事業活動を原因とした副次的な結果（例；環境汚染）の改善が社会問題として顕在化した時期は，1960年代のベトナム戦争の継続に反対の意思を表示するために採られた直接行動主義の時期に符合する。直接行動主義は，個別企業における自発的な諸活動を促しただけではなく，業界全体における自発的な諸活動を促すこととなった。経済・社会政治（sociopolitical）の領域で企業が果たすべき役割に関しては，国家のレベルで議論されている。ここに，企業は，政府の統制と規制の対象となる。そして，社会全体の関心事の大部分は政府の政策過程で制度化されてきている。代表的には，OSHA（Occupational Safety and Health Administration；労働安全保健局），PSC（Product Safety Commission；製品安全委員会），EPA（Environmental Protection Agency；環境保護局）の設立である。立法の領域では，個人の権利の保護に関する関心が高まっている。公共政策の領域では，全く新しい性格の団体が出現する。公益指向型の利益団体（public-interest groups）および私設任意の組織体（private voluntary organizations; PVOs）は，既存の団体および組織体とは異なり，構成員相互に抽象的な思想もまた不明瞭な思想も共有されていない。このような性格の団体および

組織体は，立法過程と社会圧力（social pressure）を用いて，特定企業に制御機構の設置を促す場合と，特定企業に制御機構を強制的に義務付ける場合がある。……企業は，外部諸団体（external groups）が市場と公共政策を用いて自企業に与えうる影響に対処するためのシステムを構築してきている。企業は，組織内部に，（環境変化に対応するための［引用者挿入］）戦略と組織構造と意思決定過程の定着を図っている。この時期，『公共関連事項管理』（public-affairs management）および『社会的課題事項管理』（social-issues management）という研究領域が萌芽する。(Sethi and Falbe, 1987, introduction)」時期を前後して，「企業環境」（the Business Environment）および「公共政策」（Public Policy）という学科目がビジネススクールに設置される（Paul, 1981, pp.11-16）。なお，「企業環境」および「公共政策」という学科目は，1974年，AACSB（American Assembly of Collegiate Schools［＝ AACSB International（American Assembly of Collegiate Schools International)］）の正式科目として認可されている。(McMahon, 1999, p.351)。

1960年代のアメリカには，様々な性格の団体（例；女性および社会的少数派の人権擁護団体，消費者団体［consumer groups / consumer advocates］，環境保護団体［environmental groups］など）が創設されていた。同様の性格を有する団体の存在と活動がアメリカ社会の支持を獲得した結果，「積極的差別是正措置」と「割り当て制度」が法制化される。

当時のアメリカの経済界では，先に挙げたような性格の団体がステークホルダーとして認識されていた。AT&T（American Telephone and Telegraph Company；アメリカ電信電話会社）の会長 deButts（1978）は，1970年代のAT&Tの状況を回顧して，次のように記している。「ステークホルダーの存在を思い起こすたびに，私は非常に居心地の悪い気分に陥られる。ステークホルダーは，ヤマアラシ（porcupine［＝ネズミ目ヤマアラシ科の哺乳類で，背から腰にとげのようになった剛毛を持ち，敵にあったとき，体を振って音を出したり，敵を刺したりする］）そのものであった。ヤマアラシといっても，針を逆立て興奮したヤマアラシであった。(deButts, 1978, p.141)」1960年代から1970年代のアメリカでは，ステークホルダーは直情

径行かつ急進的な団体として理解されていた。

　1970年代に入って，様々な権利の保護を理念とした掲げた運動がアメリカで活発化する。第35代大統領（1961〜1963）Kennedy（1917〜1963）によって提唱された「消費者の権利章典」（Consumer Bill of Rights）を契機として，消費者団体がアメリカ国内に相次いで設立されている。消費者団体の成立は，1936年に創設された「消費者同盟」（Consumer Union of U.S.）以降の消費者運動の一応の到達点として考えられている。なお，1971年には，「キャンペーンGM」（Campaign GM）の推進者であり，消費者運動の旗手としても広く知られているNaderが，消費者の権利擁護団体"Public Citizen"を創設している。

　消費者運動の高揚のなかで，カリフォルニア大学バークリー校の経営管理学研究科（School of Business Administration, University of California at Berkeley）とスタンフォード大学経営大学院（the Graduate School of Business, Stanford University）の研究者を執筆陣として迎え，Aaker and Day（1971）の編著『コンシューマリズム――消費者の権益の探求――』（*Consumerism: Search for the Consumer Interest*）が発表されている。Aaker and Day（1971）によれば，1970年代のアメリカにおける代表的な消費者問題は，商標問題，消費者を欺く広告，貸付時の金利計算の説明の方法，製品の安全性，誇大宣伝，「買い手の危険負担」（caveat emptor），価格操作，商品引換えスタンプ（trading stamps）に関する問題，製品保証などであった。

　1970年代のアメリカはまた，従業員の権利の保護と，個人の「言論の自由」を拠り所として，「内部告発」（whistle-blowing）の発生件数の増加を経験していた。また，組織一般における違法行為と不正行為の告発を目的として，法および制度の改善に向けた社会運動も活発化していた。1977年には，ロッキード事件への反省から，「海外腐敗行為防止法」（Foreign Corrupt Practices Act）が制定されている。アメリカにおける同様の取組みは，同国の内部に形成された歪みを是正ないし克服するための努力として考えられてきている。

　1980年代のアメリカの情勢は，第40代大統領（1981〜1989）Reagan

(1911～2004) のスローガン「強いアメリカの復活」と「規制緩和」という表現を用いて言い表すことができる。Charan and Freeman（1980, pp.9-12）によれば，1970年代から1980年代にかけてのアメリカは，① 企業環境の変化とそれに伴う企業間における競争上のルールの変化，② 企業活動のグローバル化の進展，③ 企業と政府の協調関係から敵対関係への変化（＝規制緩和への政策転換），④ ステークホルダーが抱く期待の変化などを経験していたという。ここに，ステークホルダーが抱く期待の変化とは，外部団体（例；環境保護団体，株主，従業員，労働組合，行政機関など）の影響力の増幅を意味する。

また，アメリカ企業が原因企業となった事故および事件（例；ユニオン・カーバイド社［Union Carbide］社のボパール［Bhopal］の農薬製造プラントでの化学物質漏洩，エクソン［Exxon］社所有のタンカーエクソン・バルディーズ号［Exxon Valdez］の石油流失など）の事後処理は，アメリカ国内に企業批判の渦を巻き起こしただけではなく，アメリカ企業に対する全世界的な批判を喚起することとなった。ほぼ同時期に，アメリカでは，「ホワイトカラーの犯罪」（white-collar crime）が問題視されるようになる。"white-collar crime" という表現は，1940年開催のASS（the American Sociological Society；アメリカ社会学会）の講演会の場で，社会学者Sutherlandが最初に使用したといわれている（Schlegel and Weisburd, 1992, p.3）。

企業批判が渦巻くなかで，アメリカのビジネススクールでは，経営管理者が専門職（professional）として備えるべき倫理が議論されるようになる。と同時に，ビジネススクールの関係者の間には，「企業倫理」を学科目として緊急に設置すべきであるという共通理解が形成されたといわれている（Freeman, 1991, introduction）。

1990年代は，1980年代における努力の具体化と制度化を図った時代として位置付けることができる。特に1990年代は，企業倫理の確立を目標として掲げ，立法機関・行政機関・司法機関，業界団体，企業倫理専門機関という三位一体のシステムの基盤が確立された時期でもある。USSC（U.S. Sentencing Commission；連邦量刑委員会）で施行されたUSSG（U.S.

Sentencing Guidelines；連邦量刑ガイドライン）は歴史的に重要である（Weaver, Treviño, and Cochran, 1999a; Weaver, Treviño, Gibson, and Toffler, 1999b）。

USSG は，企業倫理プログラムの運用の監視という性格を持ち合わせている。USSG の特徴には，次のような特徴が見られる。すなわち，企業の違法行為が告発されたとしても，被告企業が法令遵守（compliance）に向けて積極的に努力した場合，被告企業に科せられる罰金が減額される（Weaver et al., 1999a, p.43）。また，USSG の内容は，企業に対して，倫理・法令遵守プログラムの採用と，企業不祥事の再発防止に向けた具体的施策の確立を求めるものである（Driscoll, Hoffman, and Murphy, 1998）。それゆえ，USSG は，企業倫理の確立を促進するために採用された施策として考えられている。なお近年，アメリカ以外の国家でも，同様の努力が重ねられている。

2.「企業と社会」論の確立と展開

(1)「企業と社会」論の確立

企業と社会の関係様式の解明に向けた研究は，アメリカ経営学の内部に，「企業と社会」論という研究領域を確立することとなる。「企業と社会」論の確立に至る過程を最も典型的に示すような学術研究上の重要事項は，以下のとおりである。

- 1948 年：Merrill の編著『ビジネス・リーダーシップの責任』（*The Responsibilities of Business Leadership*）が出版される。
- 1953 年：Bowen の著書『企業人の社会的な諸責任』（*Social Responsibilities of the Businessman*）が出版される。
- 1960 年代～：アメリカのビジネス・スクールに，「企業環境」および「公共政策」と題する学科目が設置される。
- 1960 年：Frederick の論文「事業に伴う責任に関する関心の高まり」（The Growing Concern over Business Responsibility）が刊行される。
- 1964 年：McGuire の著書『企業と社会（*Business and Society*）』（中里皓

年，井上温通訳『現代産業社会論──ビジネスの行動原理──』東京好学社，1969年）が出版される。
- 1966年：Davis and Blomstrom の著書『企業とその環境』(*Business and Its Environment*) が出版される。
- 1968年：Baumhart の著書『事業における倫理』(*Ethics in Business*) が出版される。
- 1971年：AOM（The Academy of Management；アメリカ経営学会）の部会（division）として，SIM（Social Issues in Management；経営における社会的課題事項）部会が設立される[1]。
- 1973年：Jacoby の著書『企業のパワーと社会的責任──未来への展望──』(*Corporate Power and Social Responsibility: A Blueprint for the Future*)（経団連事務局訳『自由企業と社会』産業能率短期大学出版部，1975年）が出版される。
- 1974年：「企業環境」および「公共政策」という学科目が，AACSB の正式科目としての認可を受ける。
- 1980年：SBE（Society for Business Ethics；アメリカ企業倫理学会）が設立される。
- 1987年：Sethi and Falbe の編著『企業と社会──対立と協調の諸側面──』が出版される。
- 1990年：IABS（The International Association for Business and Society；『企業と社会』論に関する学会）が設立される。

(2) アメリカ経営学における「企業と社会」論

AOM の SIM 部会の設立

1971年，AOM の内部には，「企業と社会」論という研究領域を専門的に取り扱う部会として，SIM 部会が設立されている（Carroll, 1994）。SIM 所属の研究者の成果は，AOM の機関誌（例：*Academy of Management Review,*

---

[1] AOM（1936年12月28日設立）は，アメリカ国内だけではなく全世界に会員総数14227名（2004年6月6日現在）を擁する学術研究団体である。

Academy of Management Journal, Academy of Management Executive, Academy of Learning and Education) に掲載されている。

SIM 部会の対象領域は，以下 6 項目である（Academy of management social issues in management division, 2004）。

- 社会環境（The Social Environment）：企業の社会的責任，企業のフィランスロピー，ステークホルダー・マネジメント，企業の社会的業績など。
- 倫理環境（The Ethical Environment）：企業の倫理綱領，企業犯罪，個人の倫理的行動，個人の倫理的行動に組織が与える影響，科学技術がもたらす倫理的含意，個人の価値観と企業文化など。
- 公共政策環境（The Public Policy Environment）：PAC［Political Action Committee；アメリカ政治活動委員会］の動向，法律と規制に関わる事項など。
- 生態環境（The Biological Environment）：環境経営，生態系に関わる課題事項など。
- ステークホルダー環境（The Stakeholder Environment）：科学技術が社会に与える影響，「職場における個人の価値的多様性」（workplace diversity），企業統治（corporate governance），公共政策関連事項管理（public affairs management）など。
- 国際環境（The International Environment）：上記の各トピックスの国際関係，多国籍組織が国家に与える影響など。

IABS の設立

1990 年，AOM 内部の SIM 部会の構成員を中心として，IABS が設立されている（International Association for Business and Society, 2004）。IABS の機関誌は，*Business and Society* である。Gerde and Wokutch（1998, pp.439-440）の論文には，IABS の対象領域として，以下 18 項目が提示されている。

- 倫理一般：倫理学の基礎理論，企業倫理，倫理綱領，内部告発，道徳的社風，倫理的意思決定，道徳的推論など。

- 企業の社会的責任：企業の社会的業績，時代思潮・時代の価値観，企業イメージなど。
- 企業の社会的責任と企業の社会的業績の相関関係：企業の社会的責任，企業の社会的業績，企業の社会政策など。
- 公共政策関連：企業の公共政策，企業の政策事項，課題事項管理など。
- 企業統治関連：企業統治の構造，企業統治関連の政策，企業統治の機能，その他（例；最高経営責任者の高額報酬，最高経営責任者と取締役会の関係，従業員持株制）など。
- 企業と行政機関との間の関係：規制の是非，企業と行政機関の協調関係，企業犯罪など。
- 企業と従業員との間の関係：労働生活の質の向上，従業員の家族問題の解決，従業員の権利と正義の実現（例；従業員のプライバシー権の保護，従業員の言論の自由の保障，従業員の個人情報保護など），労働組合の存在意義，従業員持株制，従業員の経営参加，職場における従業員の多様性の容認，従業員の健康問題の解決，職場安全の確保など。
- 企業とマイノリティ・女性との間の関係：年齢・性・人種・身体障害などを理由とした差別，セクシャルハラスメントなど。
- 企業と自然環境との間の関係：企業と生態環境，自然環境など。
- 企業と消費者との間の関係
- 倫理的投資と社会的責任投資
- 企業の慈善活動：慈善活動計画，寄付行為など。
- 国家間の問題
- 「企業と社会」論のカリキュラム作成と教育方針の策定：ビジネス・スクールのカリキュラム作成など。
- 「企業と社会」論の方法論の構築
- 「企業と社会」論のモデルの提示：実務家と研究者に向けた企業モデルの提示など。

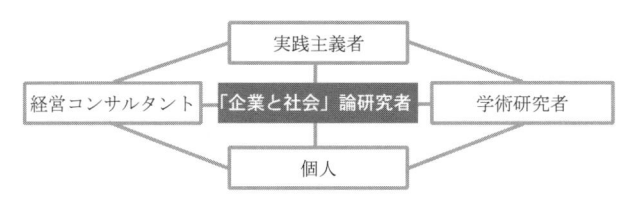

図1-2.「企業と社会」論の研究者の役割

```
           実践主義者
          ╱    │    ╲
経営コンサルタント─「企業と社会」論研究者─学術研究者
          ╲    │    ╱
            個人
```

備考：Wood, D. J. "Theory and Integrity in Business and Society", *Business and Society*, Vol.39, No.4, 2000, p.369.

- 科学技術の発展に伴う社会的課題事項および倫理的課題事項の解決策の提示
- 多国籍企業の社会的課題事項：多国籍企業の社会的課題事項など。

「企業と社会」論の研究者の役割

「企業と社会」論の研究者の役割として，Wood（2000, p.370）は，①実践主義者（activist）としての役割，②学術研究者（scholar）としての役割，③個人（individual）としての役割，④経営コンサルタント（management advisor）としての役割を提示している（図1-2参照）。

- 「企業と社会」論の研究者は，実践主義者として，国民の生活水準の向上と，社会環境ならびに自然環境の改善の実現に向けて積極的に行動すべきである。「企業と社会」論の研究者は，政治的または倫理的な価値観を尊重し，いずれの価値観からも逸脱した行動をとるべきではない。
- 「企業と社会」論の研究者は，学術研究者として，知の探究・創造・普及に向けて積極的に取り組むべきである。「企業と社会」論の研究者は，叡智を尊重し，叡智から逸脱した行動をとるべきではない。
- 「企業と社会」論の研究者は，個人として，探究心と欲求を満たすべきである。「企業と社会」論の研究者は，自尊心と他者への責任と誠実さを基礎として形成される価値観を尊重し，そのような価値観から逸脱すべきではない。
- 「企業と社会」論の研究者は，経営コンサルタントとして，実践的な知

識を学生と実務家に伝達すべきである。「企業と社会」論の研究者は，資本主義の理念と，専門的職業人としての意識を基礎として形成される価値観を尊重し，そのような価値観から逸脱すべきではない。

(3) 「企業と社会」論の展開

「企業と社会」論の成立の前史には，1920年代のアメリカにおける「企業の社会的責任」（corporate social responsibility）の理念を見る。

「企業の社会的責任」の理念は，「慈善原理」（the charity principle）と「受託原理」（the stewardship principle）から構成されている（Post, Lawrence, and Weber. 2002b, pp.61-64）。「慈善原理」の根幹には，社会の富裕層は貧困層に対して仁愛精神（＝キリスト教的愛）に富むべきであるという理念がある。「受託原理」の根幹には，経営幹部（executives）は社会の稀少資源の使用を任せられた受託者または被信託人（trustee）であるという理念がある。この場合，経営幹部は，社会全体の利益のために行動すべきであるという発想が意味を持つ。

「企業の社会的責任」の理念は，「企業の社会的責任」に関する理論（the theory of corporate social responsibility）として体系化されている。

Frederick（1987）の論文「企業の社会的業績に関する諸理論」（Theories of Corporate Social Performance）によれば，「企業と社会」論の内容は，①「企業の社会的責任」，②「企業の社会的即応性」，③「企業の社会的道義」（corporate social rectitude）という段階を経てきていると考えられている。「企業の社会的責任」の特性は，事後的な対応という点である。「企業の社会的即応性」の特性は，事前予測的な措置という点である。「企業の社会的道義」の特性は，価値（value）の尊重という点である。「企業の社会的責任」・「企業の社会的即応性」・「企業の社会的道義」は，内容上の特徴と時間的な変化を反映して，CSR1（＝『企業の社会的責任』に関する理論）・CSR2（＝『企業の社会的即応性』に関する理論）・CSR3（＝『企業の社会的道義』に関する理論）という段階に整理されている（Frederick, 1987, p.142）。

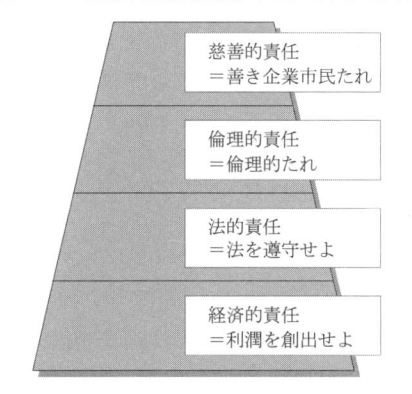

図1-3.「企業の社会的責任」のピラミッドモデル

```
慈善的責任
＝善き企業市民たれ

倫理的責任
＝倫理的たれ

法的責任
＝法を遵守せよ

経済的責任
＝利潤を創出せよ
```

備考：Carroll, A. B., and Buchholtz, A. K. *Business and Society: Ethics and Stakeholder Management*, 5th edition, Ohio: South-Western, 2003, p.40.（初出：Carroll, A. B. "The Pyramid of Corporate Social Responsibility: Toward the Moral Management of Organizational Stakeholders", *Business Horizons*, Vol.34, No.4, 1991, p.42.）

CSR1：「企業の社会的責任」の構造に関しては，「『企業の社会的責任』のピラミッド」（the pyramid of corporate social responsibility）というモデルが広く知られている（図1-3参照）。「企業の社会的責任」の第1は，「経済的責任（economic responsibilities）」（例；利潤の創出，売上高の最大化，費用の最小化，戦略的な意思決定，配当金分配政策の策定など）である（Carroll and Bchholtz, 2003, p.40）。「企業の社会的責任」の第2は，「法的責任（legal responsibilities）」（例；法令の遵守，環境規制または消費者保護関連法の遵守，従業員保護法の遵守，海外公務員贈賄禁止法の遵守，法律上の企業責任の充足など）である。「企業の社会的責任」の第3は，「倫理的責任（ethical responsibilities）」（例；疑惑を招くような業務慣行の回避，法令の文言と精神への即応性，法令の遵守，法令の最低限度の規定内容を踏み越えた行動，倫理的な行動，正しい行動，公正な行動，適時的確な行動，倫理的リーダーシップの発揮など）である。「企業の社会的責任」の第4は，「慈善的責任（philanthropic responsibilities）」（例；善き企業市民としての活動，寄付，地域社会支援プログラム［＝教育支援活動，健康維持支援活動，人

道支援，文化支援活動，芸術支援活動，市民社会育成支援活動など］の提供，地域社会支援活動の積極的推進，ボランタリズムの育成など）である。なお，「企業の社会的責任」の特徴は，「事後的な対応」という点である。したがって，「企業の社会的責任」は，社会構成員の要求を事後的ではなくむしろ積極的に実現しようとする企業の態度を的確に描写するほどには動態的（dynamic）ではなかったと考えられている。

　CSR2：「企業の社会的即応性」の構想は，Ackerman and Bauer（1976）の著書『企業の社会的即応性——現代的ジレンマ——』（*Corporate Social Responsiveness: The Modern Dilemma*）の刊行を契機として，学術研究界ならびに経済界に広く普及した。「企業の社会的責任」とは対照的に，「企業の社会即応性」の構想は，実践指向的（action-oriented）であり，結果指向的（results-oriented）である（Baird, Post, and Mahon, 1987, p.566）。すなわち，企業が，乱気流ともいうべき環境変化に直面した場合，「企業の社会即応性」は，事後的な対応よりもむしろ事前予測的な措置を推奨するものである。事前予測的とは，「社会問題が顕在化する前に，それ（＝社会問題）を積極的に察知し，それ（＝社会問題）が顕在化しないようにすること（Baird et al., 1987, p.566）」を意味する。しかし，「企業の社会的即応性」には，一方で「事前予測的な措置」という特徴が指摘されているものの，他方では1970年代後半のアメリカでその重要性を次第に増してきていた「価値」への関心が欠如していたという限界も指摘されている（Baird et al., p.566）。

　CSR3：「企業の社会的道義」（＝企業倫理）の構想は，企業における決定と行動が価値自由（value-free）ではないという見方と，企業は企業内部の決定と行動の基盤となっている価値を理解する必要があるという見方を前提として成立する（Baird et al., 1987, p.566）。なお，「企業の社会的道義」と企業倫理は表現は異なるものの，同義である（Frederick, 1984）。企業倫理の目的は，企業における決定と行動が社会通念に相容れるか否かを明確にするという点と，「経済的業績」（economic performance）と「社会的業績」（social performance）という区別を越えるという点にある（Baird et al., p.566）。企業倫理の意義について，Aguilar（1994, p.15; 訳書，17頁参照）は，次のよ

うに記している。「倫理的な企業の気風（ethical corporate climate）は創造的な思考力を鍛錬し，協同的な職務遂行を積極的に促進する。倫理的な企業の気風は，企業をして十分に管理され，企業を優越的地位に導くような，いわば『出力増強装置』（*supercharge*）として機能する。」Aguilar（1994）の説明は，企業倫理の確立が，倫理的企業の条件となっているという事実を示唆するものである。

CSR1・CSR2・CSR3 の展開型として，Frederick（1997）の論文「CSR4 への移行――旅に備えて何を詰めるのか――」(Moving to CSR4: What to Pack for the Trip) には，現時点もなお先端的かつ高度な研究成果が提示されている。同論文のなかで，Frederick（1997）は，「企業と社会」論の新たなフレームワークとして，「コスモス（宇宙）・科学・宗教」（＝ COSMOS・SCIENCE・RELIGION）という構想を掲げている。ちなみに，「宗教」の英語表記"RELIGION"は，「経験や知識を超えた存在を信頼し，自己をゆだねる自覚的な態度」を意味する。

Frederick（1997）の構想は，CSR1・CSR2・CSR3 の限界を越える可能性を探る研究に位置付けられ，CSR4 と呼ばれている。CSR4 という構想の特徴は，Frederick（1997）が，社会科学内部の専門用語と分析手法使用に踏み止まることなく，人文科学と自然科学の専門用語と分析手法の積極的な応用を試みた点である。また，CSR4 の構想は，世界市民主義または四海同胞主義（cosmopolitanism）の理念を色濃く投影しているともいわれている（Frederick, 1998）。このように，CSR4 の構想は，科学としての「企業と社会」論の内容充実に貢献することが期待されているものの，依然として構想の域を越えるものではない。

(4) "business ethics" の諸類型と SBE の設立

企業倫理の英語表記"business ethics"は，倫理の英語表記"ethics"の意味（［1］倫理学：① 善・悪・正・不正を研究する学問，② 道徳的義務と道徳的責務を研究する学問，［2］倫理一般論：① 道徳原理の集合と価値の群,

②道徳的な価値基準に関する研究,③道徳的な価値基準に関する理論,[3]倫理：個人と専門職に適用される行動原則［＝行動規範］）を拠り所として,企業倫理学・企業倫理論・企業倫理に整理することができる。

　企業倫理学：企業倫理学は,応用倫理学（applied ethics）の内部に所定の位置を占めている。企業倫理学の学問的性格について,Velasquez（1998, p.15.）は,次のように記している。「企業倫理学は,応用倫理学の研究分野のひとつである。企業倫理学は,道徳的規範と道徳的価値に関する分析を含む。企業倫理学の研究成果は,企業に適用されている。」このように,企業倫理学の研究者は,企業が解決すべき経営課題の解明に向けて,道徳哲学（moral philosophy）ならびに倫理学の研究成果の採用と応用を試みてきている。企業倫理学の研究者の陣営（camp）について,Rosenthal and Buchholz（2000）は,次のように記している。「企業倫理学の研究者の陣営は,規範的企業倫理学（normative business ethics）と経験的企業倫理学（empirical business ethics）である。前者に所属する研究者は,規範的な方法論を選好する。同陣営は,哲学と神学の教授から構成されている。後者に所属する研究者は,説明的・記述的・実証的な方法論を選好する。同陣営は,経営コンサルタントとビジネス・スクールの教授から構成されている。……規範的な方法論の起源は,哲学とリベラルアーツに求めることができる。規範的な方法論の検討課題は,当為（what ought to be）であり,当為の判断基準としての価値理念と規範である。他方,説明的・記述的・経験的な方法論の起源は,経営学と社会科学に求めることができる。説明的・記述的・経験的な方法論の検討課題は,事実の記述である。（Rosenthal and Buchholz, 2000, p.35; 訳書,44頁参照）」説明的・記述的・経験的な方法論を選好する研究者は,企業倫理論という研究領域をアメリカ経営学の内部に確立するようになる。

　企業倫理論：「企業と社会」論の研究者のなかでも,規範的アプローチ（normative approach）を採用する研究者が倫理学の分析手法と用語を選好したことによって,「企業と社会」論の研究者のなかには,企業倫理に関心を抱く研究者が増加した。このような研究者が,企業倫理学の研究者のなかでも,説明的・記述的・経験的な方法論を選好する研究者と合流したことによって,

企業倫理論は，アメリカ経営学の内部における研究領域としての所定の位置を占めることとなる。とはいうものの，前者と後者の方法論上の溝は，依然として深いといわれている。双方の方法論の方向性について，Freeman (2000, p.169) は，①分離・分化説，②統合説，③並行説を提示している。

企業倫理：企業倫理は，企業内部の個人と専門職に適用される行動原則である（Treviño and Weaver, 2003）。企業倫理の意味に関して，Boatright (2000, p.1) は，「事業における倫理」（*ethics in business*）と解釈したうえで，次のように記している。「企業倫理論は，倫理的な経営決定の促進の実現を目的とする。『事業における倫理』は，企業の倫理的行動として実現する。……『事業における倫理』は，企業において広く容認されているような倫理的な行動を指している。『事業における倫理』は，企業倫理研究における主要なテーマである。『事業における倫理』は，企業経営の過程で実現する。」Boatright（2000）によれば，企業倫理学ならびに企業倫理論は，「事業における倫理」を具体化するための理論的根拠を提供するものである。

SBEの設立と企業倫理ブーム

SBE（1980年設立）は，企業倫理学・企業倫理論・企業倫理を包括的に研究対象とした学術研究団体である。SBEのミッションは，以下のとおりである（Society for Business Ethics, 2004）。

- 企業倫理に関する研究の促進
- 企業倫理に関する道徳的・法的・実証的・哲学的課題事項の解決と分析に向けたフォーラムの開催
- 企業倫理担当者の情報交換の場の提供
- 機関誌 *Business Ethics Quarterly* の定期刊行と，企業倫理に関する実態調査と学術研究の促進
- 大学と組織一般における企業倫理教育の改善
- 大学機関の管理者と企業倫理担当教員の相互理解の促進
- 倫理的な企業の育成と援助
- 企業倫理と組織倫理に携わる教員・研究者・実務家の相互理解と協調関

係の構築と維持

　企業倫理関連の専門誌には，*Business and Professional Ethics Journal*（1981年創刊），*Journal of Business Ethics*（1982年創刊），*Business Ethics: A European Review*（1992年創刊），*Teaching Business Ethics*（1997年創刊［同誌は，2004年4月以降，*Journal of Business Ethics* に統合される］）などがある。また，年報 *Annual Editions: Business Ethics* も定期的に刊行され，企業倫理関連のウェブサイトの開設も増加している（Frederick, 1999, p.423）。

　1991年以降，企業倫理に関する文献によって構成されたラッファン・シリーズ（The Ruffin Series in Business Ethics）が，バージニア大学ダーデン経営管理研究大学院（University of Virginia, Darden Graduate School of Business Administration）オルソン応用倫理学センター（Olsson Center for Applied Ethics）の協力を得て，オックスフォード大学出版社（Oxford University Press）から順次刊行されている。また，1998年には，Werhane and Freeman（1998）の共同編集『ブラックウェル企業倫理百科事典』（*Blackwell Encyclopedia Dictionary of Business Ethics*）が出版されている。

　1990年代以降のアメリカの状況は，「企業倫理ブーム」の様相を呈していたという見方もある（Freeman, 2000）。特に，1990年代前後のアメリカにおける経営学の研究者と倫理学の研究者と実務家との間には，倫理が経営学教育と経営実践の双方で必要であるという共通の理解が形成されていた。このようなアメリカにおける状況は，企業倫理の確立を目標として掲げ，立法機関・行政機関・司法機関，業界団体，企業倫理専門機関という三位一体のシステムの基盤が構築されてきているという事実から推し量ることもできる。

3. ステークホルダー研究の構築

(1) ステークホルダー研究の構築に向けた基盤的なプロジェクト

　企業と社会の関係様式の変遷の過程において，企業に対する固有の要求の実現を権利として主張しうる個人または集団がステークホルダーとして認識されるようになってきている。

企業とステークホルダーとの間の関係に関する研究は，**ステークホルダー・プロジェクト**と，**株式会社の再定義プロジェクト**を経て，現代のアメリカ経営学に所定の位置を占めるようになる。それゆえ，両プロジェクトは，ステークホルダー研究の構築に向けた基盤的なプロジェクトに位置付けることができる。

ステークホルダー・プロジェクトは，1977年から1980年にかけて，ペンシルベニア大学ウォートンスクール応用リサーチセンターを拠点として実施されている。同プロジェクトの目的は，以下2項目である（Freeman, 1983, p.37）。

- 経営管理者が解決すべき課題事項と懸案事項を特定すること。
- 論理的に正確かつ実践的に有効であり，経営管理者の戦略的意思決定の過程で利用可能な理論を構築すること。

ステークホルダー・プロジェクトの内容に関しては，Emshoff and Freeman（1979）の論文「誰があなたのやり方に横槍を入れるのか」（Who's Butting into Your Business）と，Charan and Freeman（1979）の論文「ステークホルダーとの交渉——企業の構成員との関係の構築——」（Stakeholder Negotiations: Building Bridges with Corporate Constituents）のなかで詳細に検討されている。

Emshoff and Freeman（1979）の論文は，ペンシルベニア大学ウォートンスクールの機関誌 *Wharton Magazine* に掲載されている。同論文の序文には，次のように記されている。「『招かれざる客』（uninvited guests），すなわち消費者・政府・マイノリティーグループはそれ自身（＝それ自体）をステークホルダーとして認識する。今まさに，こうした人々が企業における戦略的な経営決定の過程に取り込まれるべき時期が来ている。（Emshoff and Freeman, 1979, p.44）」同論文の特徴は，ステークホルダーの存在が，企業経営における「招かれざる客」として描き出されている点にある。

Charan and Freeman（1979）の論文は，AMA（American Management Association；アメリカ経営管理協会）の機関誌 *Management Review* に掲載されている。同誌の表紙には，イギリスの作家 Swift（1667〜1745）作の文明批判小

説『ガリバー旅行記』(*Gulliver's Travel*) の主人公ガリバーに模された経営者が杭と紐で捕捉された図柄が掲載されている。同誌の表紙の図柄を詳細に描写すれば，経営者に模された体長20メートルの巨人ガリバーが，ステークホルダーに擬された体長15センチ程の小人によって杭と紐で取り押さえられているのである。1970年代のアメリカにおける企業批判の状況と，経営者とステークホルダーの権力関係を推し量る際に示唆的である。

ステークホルダー・プロジェクトの経過報告の過程で，Emshoff and Freeman (1981, pp.58-59) は，ステークホルダーの行動様式の特徴と，ステークホルダー・マネジメントの基本方針を提示している。

- ステークホルダーの行動様式の特徴
  - ステークホルダーの連携は，企業の未来に直接的な影響を与える。
  - ステークホルダーの行動は制御困難である。
- ステークホルダー・マネジメントの基本方針
  - 企業とステークホルダーとの間に最大限包括的な協調関係を確立すべきである。
  - 企業とステークホルダーとの間の良好な関係の構築に向けて最も効率的かつ効果的な戦略を策定するためには，様々なステークホルダーが関与するであろう経営課題を同時に取り扱うべきである。

ステークホルダー・プロジェクトの成果報告書は，Freeman (1984) の著書『戦略経営――ステークホルダー・アプローチ――』である。Freemanは，同プロジェクトのシニアマネージャーであった。そして，同書は，ステークホルダー研究における先駆的かつ道標的な文献として現在もなお広く知られている。

Freeman (1984) は，1970年代から1980年代にかけてのアメリカの状況について，次のように記している。「経営管理者は，従業員・納入業者・顧客をステークホルダーとして積極的に認識する。しかし，経営管理者は，企業と敵対的な関係にある集団 (adversary groups) をステークホルダーとして認識することはない。……意味論は別として，戦略経営モデルには，友好的 (friendly) または敵対的 (hostile) の別を問わず，企業にとって外的

な社会勢力の分析を可能とするモデルの構築が求められている。(Freeman, 1984, p.38)」Freeman（1984, p.46）は，経営管理者に向けて，次のように提言している。「あなたが有能な戦略家になるためには，あなたに影響力を行使しうる集団との取引に臨むべきである。あなたが即応的な（そして長期的な意味において有能な[effective]）戦略家になるためには，あなたが影響力を行使しうる集団との取引に臨まなければならない。」

このように，**ステークホルダー・プロジェクト**は，プラグマティズムの立場からアメリカの現実を分析するという特色と，ステークホルダー研究の整理を試みるという特色を兼ね備え，ステークホルダー研究の生成から発展に至る各段階で実際的かつ学説的に重要な位置を占めている。

ステークホルダー・プロジェクト以後の研究成果は，**株式会社の再定義プロジェクト**に結実する。同プロジェクトは，1995年から2000年にかけて，アルフレッド・P・スローン財団とトロント大学ジョセフ・L・ロトマン経営大学院クラークソン企業倫理センターを拠点として実施されている。また，同プロジェクト主催のカンファレンスは4回実施されている[2]。さらに，同プロジェクトの経過報告書は合計3冊が出版されている（Clarkson, 1998; Clarkson Centre for Business Ethics, 1999; 2000）。なかでも，Clarkson（1998）の編著『株式会社とステークホルダー――古典的・現代的論文選集――』(*The Corporation and Its Stakeholders: Classics and Contemporary Readings*) は，同プロジェクトの中間報告書である。同プロジェクトの成果報告書は，Post et al.（2002a）の著書『株式会社の再定義――ステークホルダー・マネジメントと組織富――』である。同プロジェクトの成果は，*Business Ethics Quarterly*（Special Issue, Vol.12, No.2, 2002）にも掲載されている。

Post et al.（2002a）は，2000年代のアメリカにおいて企業が果たすべき役割の変化について，次のように記している。「株式会社の誕生から現在にかけて，株式会社が経済と社会の領域において果すべき役割は人々の関心を集めると同時に，社会的な議論を巻き起こしてきている。株式会社のパワー

---

[2] 1997年には，フィンランドのユベスキュレ大学（University of Jyväskylä）において，フィンランド・カンファレンス（Finnish Conference）も開催されている（Carroll and Näsi, 1997）。

は，国家における経済的・社会的・政治的な進化の様態に影響を与えるだけではなく，特定の従業員・顧客・地域社会にも影響を与える。人々は，株式会社のパワーが他者に与える影響と，（企業の本来的機能としての［引用者挿入］）新たな富の創造という役割を定期的に比較検討するようになってきている。株式会社のパワーは，社会に挑戦状を突きつけるという側面と，社会に寄与するという側面を併せ持っている。時代を越えて，人々は，『株式会社は誰または何に責任を負うのか』（*To Whom and for What is the corporation responsible?*）と問い掛けてきている。21世紀もなお，株式会社制度は世界中に普及している。上記の質問に対する回答は以前に比して重要性を増している。株式会社は，社会における貢献者としての地位と，受益者としての地位を獲得している。株式会社の行動様式は，法律と公共政策と社会一般の人々の期待に影響を与えている。と同時に，法律と公共政策と社会一般の人々の期待もまた株式会社の行動様式に影響を与えている。株式会社は，既成の社会通念と社会契約に適応するだけではなく，株式会社の独創性と革新性によって，既成の社会通念と社会契約に変化を起こしている。株式会社は，自社を成功または失敗に導くステークホルダーと，自社の成功または失敗によって影響を被るステークホルダーとの間に，経済的かつ社会的な関係だけではなく，随意的または不随意な関係を有するようになってきている。ステークホルダー相互のネットワークから構築された，（株式会社とステークホルダーとの間の［引用者挿入］）相互依存関係は，『ステークホルダー型企業モデル』としてモデル化されている。（Post et al., 2002a, p.254)」このように，**株式会社の再定義プロジェクト**の特徴は，企業とステークホルダーとの間の相互依存関係の確立を目的として，現代の資本主義社会における「ステークホルダー型企業モデル」という機軸の理論的基礎を構築した点にある。

(2) **ステークホルダー研究の基本的性格**

ステークホルダー・プロジェクトと**株式会社の再定義プロジェクト**の進行過程において，ステークホルダー研究は，アメリカ経営学に所定の位置を占

めるようになる。両プロジェクトがステークホルダー研究の構築に向けた基盤的なプロジェクトに位置付けられてきている所以である。

　ステークホルダー研究の基本的性格を明確にするためには，ステークホルダー研究の目的論的解釈と方法論的特徴を確定する必要がある。

　ステークホルダー研究の目的論的解釈は，Jones, Wicks, and Freeman (2002) の論文「ステークホルダー研究――最先端の状況――」(Stakeholder Theory: The State of the Art) を参考として，次のように整理できる。① ステークホルダー研究は，経営者とステークホルダーとの間の関係を極度に単純化した関係で記述するモデル（例；経営者と株主・従業員・納入業者・顧客との間の関係のモデル）を超えるものである (Jones et al., 2002, p.19)。② ステークホルダー研究は，企業は特定の集団（例；株主）の要求を満たすためだけに存在すると説明するモデル（＝株主主権型企業モデル）を超えるものである (Jones et al., p.19)。現実の世界は，① と ② の前提で想定されているよりも複雑である。それゆえ，経営者の立場を極度に単純化して説明することもできない。ステークホルダー研究がプラグマティズムにもとづいて構築されているといわれてきている理由は，ステークホルダー研究の目的論的解釈の内容に求めることもできる (Freeman and McVea, 2001)。

　ステークホルダー研究の方法論的特徴に関しては，*Academy of Management Review*（Vol. 24, No.2）のなかで詳細な議論が展開されている (Donaldson, 1999; Freeman, 1999; Gioia, 1999a; Jones and Wicks, 1999a; Treviño and Weaver, 1999)。また，同方法論の反省に関しては，*Academy of Management Review*（Vol. 24, No.4, 1999）のなかで詳細な議論が展開されている (Giola, 1999b; Jones and Wicks, 1999b; Treviño and Weaver, 1999)。いわゆる「ステークホルダー論者」(*stakeholder theorist*) の関心がステークホルダー研究の方法論に向けられた理由について，Donaldson (1999) は，次のような点を指摘する。「ステークホルダー論者の関心を集めているのは，ステークホルダー研究における複合的な方法論を統合するために必要な接着剤（conceptual glue）があるか否かという疑問である。……ステークホルダー研究の方法論が統合的核心を欠くならば，ステークホルダー研究は小国分割の憂き目を見るであろ

う。(Donaldson, 1999, p.237)」

　ステークホルダー研究の方法論には，社会科学的アプローチ（a social science approach）と規範倫理学的アプローチ（a normative ethics approach）が並立するという立場（＝並立説）と，双方のアプローチが収斂するという立場（＝収斂説）がある。並立説には，Freeman（1999）が支持の立場を表明している。他方，収斂説には，Jones and Wicks（1999a）が支持の立場を表明している。

　Jones and Wicks（1999a）によれば，社会科学的アプローチと規範倫理学的アプローチには，①経営管理者は，ステークホルダーを目的として取り扱うべきであるという点と，②経営管理者は，ステークホルダーの存在価値を認めるべきであるという点が共通して見られるという。Jones and Wicks（1999a, pp.218-219）は，ステークホルダー研究の方法論上の規範法則として，以下5項目を提示している。

- 経営管理的格率：経営管理者は，ステークホルダーとの間の信頼関係と協調関係の構築と維持に向けて努力すべきである。
- 規範的核心：経営管理者とステークホルダーとの間の信頼関係と協調関係は倫理的に望ましい。
- 技術論の下部構造：企業が競争上の優位性を獲得するためには，経営管理者とステークホルダーとの間の信頼関係と協調関係の構築と維持が必要である。
- 規範的核心に対する倫理的抗弁：経営管理者とステークホルダーとの間の信頼関係と協調関係は道徳的善である。
- ステークホルダー研究の実践可能性を証拠立てるための技術論：企業が経済的な価値の増殖を実現するためには，経営管理者とステークホルダーとの間の信頼関係と協調関係が必要である。

　このような収斂説は，「ステークホルダー論者」に広く受け容れられてきている。収斂説の意義について，Preston and Donaldson（1999, p.619）は，次のように記している。「Jones and Wicksの研究（＝収斂説）は，ステークホルダー研究における技術的要素（＝利潤および富の増殖という価値）と，

ステークホルダー研究における規範的要素（＝道徳的または倫理的価値）の融合を意図するものである。」また，Donaldson (1999, p.237) は，収斂説の意義について，次のように記している。「Jones and Wicks の研究（＝収斂説）は，技術的要素と規範的要素が収斂するという方法論上の立場を支持するものである。技術的要素は，経営目標の実現に向けた仮言命法的な立場に依拠している。この場合，経営管理者がステークホルダーの要求を実現すれば，企業の価値が高まるという結論が導き出される。……規範的要素は，経営管理者はステークホルダーの存在価値を認識する必要があるという立場に依拠するものである。Jones and Wicks の研究は，技術的要素と規範的要素の統合の可能性を示唆するものであり，ステークホルダー研究の量的拡大という状況において重要な位置を占めている。」このようにして考えれば，Jones and Wicks（1999a）によって提示された収斂説は，ステークホルダー研究の基本的性格を理解する際に重要である。

4. 小 括

　企業と社会の関係様式の変遷の過程において，企業に対する固有の要求の実現を権利として主張しうる個人または集団がステークホルダーとして認識されるようになってきている。

　企業と社会の関係様式の解明に向けた研究の経過は，アメリカにおける史実の検証によって明確にすることができる。アメリカの史実に照らせば，1960年代以降のアメリカという国家の発展の諸段階において，企業と社会の関係様式もまた徐々にではあるがしかし確実に変化してきている。そして，1960年代中盤のアメリカ経営学の内部には，「公共関連事項管理」および「社会的課題事項管理」という研究領域が確立することとなる。ほぼ同時期に，「企業環境」および「公共政策」という学科目がビジネス・スクールに設置されている。このような段階を経て，企業と社会の関係様式の解明に向けた研究は，アメリカ経営学の内部に，「企業と社会」論という研究領域を確立するようになる。「企業と社会」論の内容充実の過程は，Frederick

(1997；1998)の学説によれば，CSR1（＝『企業の社会的責任』）・CSR2（＝『企業の社会的即応性』）・CSR3（＝『企業の社会的道義』[＝企業倫理]）・CSR4（＝コスモス（宇宙）・科学・宗教）という段階に整理することができる。

　「企業と社会」論の確立期は，企業と社会の関係様式に変化の兆候が見られた時期でもある。具体的には，様々な権利の保護を理念として掲げた運動がアメリカで活発化していた。こうした状況の変化のなかで，企業のパワーに対する拮抗力として，アメリカ国内には様々な性格の団体（例；女性および社会的少数派の人権擁護団体，消費者団体，環境保護団体など）が創設されるようになる。そして次第に，企業に対する固有の要求の実現を権利として主張しうる個人または集団がステークホルダーとして認識されるようになる。とはいえ，当時のアメリカの経済界では，ステークホルダーは，「針を逆立て興奮したヤマアラシ」にもたとえられていたように，直情径行かつ急進的な団体として理解されていたのもまた事実である。

　企業とステークホルダーとの間の関係は，**ステークホルダー・プロジェクト**と，**株式会社の再定義プロジェクト**の進行過程で理論的に体系化されてきている。それゆえ，両プロジェクトは，ステークホルダー研究の構築に向けた基盤的なプロジェクトに位置付けることができる。なお，ステークホルダー研究がアメリカ経営学に占めてきている位置を明確にするためには，ステークホルダー研究の目的論的解釈と方法論的特徴を確定する必要がある。ステークホルダー研究の目的論的解釈に関して，ステークホルダー研究は，① 経営者とステークホルダーとの間の関係を極度に単純化した関係で記述するモデルと，② 企業は特定の集団（例；株主）の要求を満たすためだけに存在すると説明するモデルの限界を超えることを目的として構築されている。また，ステークホルダー研究の方法論に関しては，社会科学的アプローチと規範倫理学的アプローチが収斂するという立場が広く支持されてきている。

参考文献

Aaker, D. A., & Day, G. S. eds., *Consumerism: Search for the Consumer Interest*, New York: Free Press, 1971.

Academy of Management Social Issues in Management Division, *SIM Domain Statement*, http://www.pitt.edu/~rorst6/sim/SIMmain.htm , 2004年7月1日アクセス。

Ackerman, R., & Bauer, R., *Corporate Social Responsiveness: The Modern Dilemma*, Virginia: Reston, 1976.

Aguilar, F. J., *Managing Corporate Ethics: Learning from America' Ethical Companies How to Supercharge Business Performance*, New-York: Oxford University Press, 1994.（高橋浩夫、大山泰一郎訳『企業の経営倫理と成長戦略』［水谷雅一監訳］産能大学出版部，1997年）

Baird, L. S., Post, J. E., & Mahon, J. F., *Management: Functions and Responsibilities*, New York: Harper & Row, 1990.

Baumhart, R. C. *Ethics in Business*, Texas: Holt Rinehart & Winston, 1968.

Boatright, J. R., "Globalization and the Ethics of Business", *Business Ethics Quarterly*, Vol.10, No.1, 2000, pp.1-6.

Bowen, H., *Social Responsibilities of the Businessman*, New-York: Harper, 1953.

Bowie, N. E., *Business Ethics: A Kantian Perspective*, Massachusetts: Blackwell, 1999.

Carroll, A. B., "The Pyramid of Corporate Social Responsibility: Toward the Moral Management of Organizational Stakeholders", *Business Horizons*, Vol.3, No.4, 1991, pp.39-48.

Carroll, A. B., "Social Issues in Management Research: Experts'Views, Analysis, and Commentary", *Business and Society*, Vol.33, No.1, 1994, pp.5-29.

Carroll, A. B., & Buchholtz, A. K. *Business and Society: Ethics and Stakeholder Management*, 5th edition, Ohio: South-Western, 2003.

Carroll, A. B., and Näsi, J., "Understanding Stakeholder Thinking : Themes from a Finnish Conference", *Business Ethics: A European Review*, Vol.6, No.1, 1997, pp.46-51.

Charan, R., & Freeman, R. E., "Stakeholder Negotiations: Building Bridges with Corporate Constituents", *Management Review*, Vol.68, No.11, 1979, pp.8-13.

Charan, R., & Freeman, R. E., "Planning for the Business Environment of the 1980's", *Journal of Business Strategy*, Vol.1, No.2, 1980, pp.9-19.

Clarkson Centre for Business Ethics, *Principles of Stakeholder Management*, Toronto: Toronto University Press, 1999.

Clarkson Centre for Business Ethics, *Research in Stakeholder Theory. 1997– 1998: The Sloan Fundation Minigrant Project*, Toronto: Toronto University Press, 2000.

Clarkson, M. B. E. ed., *The Corporation and Its Stakeholders: Classics and Contemporary Readings*, Toronto: Toronto University Press,1998.

Davis, K., & Blomstrom, R. L., *Business and Its Environment*, New-York: McGraw-Hill, 1966.

deButts, J. D., A Strategy of Accountability, Dill, W. ed., *Running the American Corporation*, New-Jersey: Prentice-Hall, 1978, pp.139-152.

Donaldson, T., "Making Stakeholder Theory Whole", *Academy of Management Review*, Vol.24, No.2, 1999, pp.237-241.

Driscoll, D. M., Hoffman, W. M., & Murphy, J. E., "Business Ethics and Compliance: What Management is Doing and Why?", *Business and Society Review*, Vol.99, 1998, pp.35-51.

Emshoff, J. R., & Freeman, R. E., "Who's Butting into Your Business", *Wharton Magazine*, Vol.4, No.1, 1979, pp.44-59.

Emshoff, J. R., & Freeman, R. E., "Stakeholder Management: A Case Study of the U.S. Brewers

Association and the Container Issue", Schultz, R. L. ed., *Applications of Management science*, Connecticut: JAI, 1981, pp.57-90.

Evan, W. E., & Freeman, R. E., "Stakeholder Theory of the Modern Corporation: A Kantian Capitalism", Beauchamp, T. L., & Bowie, N. E. eds., *Ethical Theory and Business*, 3rd edition, New-Jersey: Prentice-Hall, 1988, pp.97-106

Frederick, W. C., "The Growing Concern over Business Responsibility", *California Management Review*, Vol.2, No.4, 1960, pp.54-61.

Frederick, W. C, "Toward CSR3: Why Ethical Analysis is Indispensable and Unavoidable in Corporate Affairs", *California Management Review*, Vol.28, No.2, 1986, pp.126-141.

Frederick, W. C., "Theories of Corporate Social Performance", Sethi, S. P., & Falbe, C. M. eds., *Business and Society: Dimensions of Conflict and Cooperation*, Massachusetts: Lexington, 1987, pp.142-161.

Frederick, W. C., "Moving to CSR4: What to Pack for the Trip", *Business and Society*, Vol.37, No.1, 1997, pp.40-59.

Frederick, W. C., "Creatures, Corporations, Communities, Chaos, Complexity: A Naturological View of the Corporate Social Role", *Business and Society*, Vol.37, No.4, 1998, pp.358-389.

Freeman, R. E. "Strategic Management: A Stakeholder Approach", Lamb, R. ed., *Advances in Strategic Management (volume 1)*, Connecticut: JAI, 1983, pp.31-60.

Freeman, R. E., *Strategic Management: A Stakeholder Approach*, Boston: Pitman, 1984.

Freeman, R. E. ed., *Business Ethics: The State of the Art*, New-York: Oxford University Press, 1991.

Freeman, R. E., "Divergent Stakeholder Theory", *Academy of Management Review*, Vol.24, No.2, 1999, pp.233-236.

Freeman, R. E., "Business Ethics at the Millennium", *Business Ethics Quarterly*, Vol.10, No.1, 2000, pp.169-180.

Freeman, R. E., & Liedtka, J., "Corporate Social responsibility: A Critical Approach", *Business Horizons*, Vol.34, No.4, 1991, pp.92-98.

Freeman, R. E., & McVea, J., "A Stakeholder Approach to Strategic Management", Hitt, M. A., Freeman, R. E., & Harrison, J. S. eds., *The Blackwell Handbook of Strategic Management*, Massachusetts: Blackwell, 2001, pp.189-207.

Gerde, V. W., & Wokutch, R. E., "25 Years and Going Strong: A Content Analysis of the First 25 Years of the Social Issues in Management Division Proceedings", *Business and Society*, Vol.37, No.4, 1998, pp.414-446.

Gioia, D. A. "Practicability, Paradigms, and Problems in Stakeholder Theorizing", *Academy of Management Review*, Vol.24, No.2, 1999a, pp.228-232.

Gioia, D. A. "Gioia's Reply to Jones and Wicks", *Academy of Management Review*, Vol.24, No.4, 1999b, pp.624-625.

Harrison, J. S., & Freeman, R. E., "Stakeholders, Social Responsibility, and Performance: Empirical Evidence and Theoretical Perspectives", *Academy of Management Journal*, Vol.42, No.5, 1999, pp.479-485.

International Association for Business and Society. *Welcome to the IABS*, http://iabs.net, 2004年7月1日アクセス。

Jacoby, N. H., *Corporate Power and Social Responsibility: A Blueprint for the Future*, New-York: Macmillan, 1973.（経団連事務局訳『自由企業と社会』産業能率短期大学出版部, 1975年）

Jones, T. M., & Wicks, A. C., "Convergent Stakeholder Theory", *Academy of Management Journal*, Vol.24, No.2, 1999a, pp.206-221.

Jones, T. M., & Wicks, A. C., "Letter to AMR Regarding Convergent Stakeholder Theory", *Academy of Management Review*, Vol.24, No.4, 1999b, pp.621-623.
Jones, T. M., Wicks, A. C., & Freeman, R. E., "Stakeholder Theory: The State of the Art", Bowie, N. E. ed., *The Blackwell Guide to Business Ethics*, Massachusetts: Blackwell, 2002, pp.19-37.
Kaysen, C. ed., *The American Corporation Today*, New-York: Oxford University Press, 1996.
Mayson, E. S. ed., *The Corporation in Modern Society*, Massachusetts: Oxford University Press, 1959.
McGuire, J. W., *Business and Society*, New-York: McGraw-Hill, 1964.（中里皓年, 井上温通訳『現代産業社会論——ビジネスの行動原理——』東京好学社, 1969 年）
McMahon, T. F., "A Brief History of American Business Ethics", Frederick, R. E. ed., *A Companion to Business Ethics*, Massachusetts: Blackwell. 1999, pp.342-352.
Merrill, H. F., *The Responsibilities of Business Leadership*, Massachusetts: Harvard University Press, 1948.
Paul, K., "Business Environment / Public Policy Problems for the 1980's", *Business and Society*, Vol.20, No.2, 1981, pp.11-16.
Post, J. E., Preston, L. E., & Sachs, S., *Redefining the Corporation: Stakeholder Management and Organizational Wealth*, Massachusetts: Stanford University Press, 2002a.
Post, J. E., Lawrence, A. T., & Weber, J., *Business and Society: Corporate Strategy, Public Policy and Ethics*, 10th edition, International: Irwin McGraw-Hill, 2002b.
Preston, L. E., & Donaldson, T., "Stakeholder Management and Organizational Wealth", *Academy of Management Review*, Vol.24, No.4, 1999, p.619.
Redefining the Corporation Project, "The Toronto Conference: Reflections on Stakeholder", *Business and Society*, Vol.33, No.1, 1994, pp.82-131.
Redefining the Corporation Project, "A Symposium on Stakeholder Theory and the Clarkson Principles", *Business Ethics Quarterly Special Issue*, Vol.12, No.2, 2002.
Rosenthal, S. B., & Buchholz, R. A., *Rethinking Business Ethics: A Pragmatic Approach*, New-York: Oxford University Press, 2000（岩田浩・石田秀雄・藤井一弘訳『経営倫理学の新構想』文眞堂, 2001 年）
Schlegel, K., & Weisburd, D., *White-Collar Crime Reconsidered*, Boston: Northeastern university Press, 1992.
Sethi, S. P., & Falbe, C. M. eds., *Business and Society: Dimensions of Conflict and Cooperation*, New-York: Lexington, 1997.
Society for Business Ethics, *Society for Business Ethics Mission Statement*, http://www.societyforbusinessethics.org/, 2004 年 7 月 1 日アクセス。
Treviño, L. K., & Weaver, G. R., "Treviño and Weaver's Reply to Jones and Wicks", *Academy of Management Review*, Vol.24, No.4, 1999a, pp.623-624.
Treviño, L. K., & Weaver, G. R., "The Stakeholder Research Tradition: Converging Theorists-not Convergent Theory", *Academy of Management Review*, Vol.24, No.2, 1999b, pp.222-227.
Treviño, L. K., & Weaver, G. R., *Managing Ethics in Business Organizations: Social Scientific Perspectives*, California: Stanford University, 2003.
Velasquez, M. G., *Business Ethics: Concepts and Cases*, 4th edition, New-Jersey: Prentice-Hall. 1998.
Weaver, G. R., Treviño, L. K., & Cochran, P. L., "Corporate Ethics Program as Control Systems: Influences of Executive Commitment and Environmental Factors", *Academy of Management Journal*, Vol.42, No.1, 1999a, pp.41-57.
Weaver, G. R., Treviño, L. K., Gibson, D. G., & Toffler, B. L., "Managing Ethics and Legal Compliance:

What Works and What Hurts", *California Management Review*, Vol.41, No.2, 1999b, pp.131-151.
Werhane, P., & Freeman, R. E. eds., *Blackwell Encyclopedia Dictionary of Business Ethics*, Massachusetts: Blackwell, 1998.
Wood, D. J., "Living Stakeholder Theory: A Tribute to the Life and Works of Max Clarkson", *Business and Society*, Vol.38, No.1, 1999, pp.6-50.
Wood, D. J., "Theory and Integrity in Business and Society", *Business and Society*, Vol.39, No.4, 2000, pp.359-378.

第 2 章
ステークホルダー研究の学説史

1. ステークホルダー概念の起源

　ステークホルダー概念の起源は，アメリカの開拓時代にまで遡ることができる。Julius（1997, p.454）によれば，ステークホルダーの英語表記"stakeholder"の語源は，「正当な所有権を主張する移住民」である。

　Columbus（1451～1506）によって新大陸が発見されて以降，新大陸への移住民は各人所有の土地の周囲に支柱または杭を打ち立て，土地所有権の保有を第三者に主張していたと言い伝えられている[1]。アメリカの開拓時代，土地の周囲に支柱または杭を打ち立て自己の所有権を主張していた移住民は，ステークホルダーと呼ばれていた。

　また，新大陸への移住民は自分達が打ち立てた支柱または杭の上で賭博に興じていたとも言い伝えられている。ここに，ステークホルダーは，「賭け金（stake）を預かる第三者」という意味で用いられるようになる。さらに，ステークホルダーは，「ポーカーの参加者（player）」を指して用いられる場合もある（Goodpaster, 1991, p.67）。

　ステークホルダー概念がアメリカ経営学の関連文献において採用されたのは，1963 年，SRI（Stanford Research Institute；スタンフォード研究所［現在：SRI International（= Stanford Research Institute International)］）で実施された「長期計画セミナー」（long range planning seminar）の配布資料においてである[2]。SRI の内部資料「戦略計画」（The Strategic Plan）の作成者

---

[1] 先住民族（＝アメリカンネイティブ）の先住権尊重という立場に立てば，新大陸の移住民に土地所有の正当性を認めることはできない。

Stewart（1963）によれば，ステークホルダーの英語表記"stakeholder"は，株主の英語表記"stockholder"を強く意識して採用されたという（Sawyer, 1979, p.126）。

"stakeholder"という英語が"stockholder"という英語の韻を踏んで採用されたという見方は，近年のアメリカの経営学の研究者の間でも広範囲に共有されている。"stakeholder"という英語と"stockholder"という英語の用語法上の含意に関して，Goodpaster（1991）は，次のように記している。「現代の公開株式会社（the modern, publicly-held corporation）の経営決定に関与（stake）する関係者（parties）は，株式（equity）の所有者以外にも存在する。（Goodpaster, 1991, p.54）」それゆえ，ステークホルダーとは，「その支持がなくては，組織が存続できなくなるような集団」であり，ステークホルダーのリストに挙げられていたのは，株主・従業員・顧客・納入業者・債権者・社会一般の人々であったという（Freeman, 1984. pp.31-32）。なお，ステークホルダーか否かの判断基準は，企業の存続に影響を及ぼすことができるか否かによって決められていたという。

1980年代のアメリカにおける企業とステークホルダーとの間の関係について，Mitroff（1983）は，次のように記している。「現代の巨大企業は，外部的な強制力によって相当程度の打撃を受けている。巨大企業が被る打撃の大部分は，制御不可能な様相を呈している。他の研究者と同様に，『私は，外部からの強制力を，株主という限定的な用語と対照して，ステークホルダーと呼ぶ。』ステークホルダーは，企業に影響力を行使する存在であり，利益団体・特定の行為主体・請求権者［claimant（＝当然の権利を要求する人）］・特定の団体を包摂する。『ステークホルダーは，特定企業の行動・機能・政策に影響を与えるか，特定企業の行動・機能・政策によって影響を被るか，いずれかの集団である。』ステークホルダーは，請求権者（例；株主）

---

[2] SRIは1946年にスタンフォード大学付属の研究所"Stanford Research Institute"として発足した。SRIは，1970年にスタンフォード大学から分離独立し，1977年に現在の"SRI International"に改名している。（SRIインターナショナル日本支社，http://www.sri.com/japanese/，2004年6月18日アクセス。）

から構成されているというよりむしろ様々な集団から構成されている。株主は，現代企業に強い影響力を与えうる諸集団の構成要素に過ぎない。しかし当然ながら，企業が存続するためには，株主の存在が考慮されるべきである。(Mitroff, 1983, p.4)」Mitroff の論文は，株主がステークホルダーの構成要素に過ぎないという事実を明示するものである。

2. ステークホルダー・アプローチの検討

(1) ステークホルダー・アプローチの源流

アメリカ経営学において採用されてきているステークホルダー・アプローチの源流は，1960年代に求めることができる。なお，1960年代から1980年代のアメリカにおける経営学研究者の間では，ステークホルダー概念よりもむしろインタレスト・グループ概念が広く一般的に採用されていた。

アメリカ経営学の文献に見るインタレスト・グループ概念に関する最初期の記述は，Gordon (1961) の著書『巨大株式会社におけるビジネスリーダーシップ』(*Business Leadership in the Large Corporation*) においてである。Gordon (1961, p.147) によれば，インタレスト・グループとは，経済福祉 (economic welfare) の大部分が企業の事業活動によって直接的に決定される人々である。たとえば，企業に製品を販売する者であり，商品としての労働力を提供する労働者であり，資本を提供する債権保有者である。Gordon の研究は，現時点でのステークホルダー研究に直接的な示唆を与えるものではないが，ステークホルダー・アプローチの源流に位置付けることもできる。

Rhenman (1968) の研究にも，ステークホルダーに関する記述を見る。「ステークホルダーは，それ自身（それ自体）の目的の実現を企業に依存する個人または集団であり，企業がそれ自体の目的の実現を依存する個人または集団である。……ステークホルダーには，固有の権利として，企業に対する権利が保障されている。企業には，固有の権利として，ステークホルダーに対する権利が保障されている。……経営者は，ステークホルダー相互に交錯した要求を均衡し，企業の存続を可能ならしめる地位にある。(Rhenman,

1968, pp.25-27)」Rhenman の研究は，ステークホルダーに関する体系的研究ではないが，1970 年代以降のステークホルダー研究の基盤となっている。

(2) アメリカ経営学の各研究領域におけるステークホルダー・アプローチ

ステークホルダー・アプローチは，1970 年代以降のアメリカ経営学の各研究領域（例；企業戦略論・戦略経営論，『企業の社会的責任』論，『企業と社会』論，企業統治論，企業倫理論）において採用されてきている[3]

企業戦略論・戦略経営論におけるステークホルダー・アプローチ

Ansoff（1965）の著書『新企業戦略論（*The New Corporate Strategy*）』（広田寿亮訳『企業戦略論』産業能率短期大学出版部，1969 年）は，ステークホルダーに関する記述が見られる最初期の文献である。しかし，Ansoff（1965, p.40）は，Rhenman（1968）の研究成果を引用して，「企業の目的は，ステークホルダーのなかでも，経営管理者・労働者・株主・納入業者・債権者の相対立する要求の折衷から導き出されている。」という見方を示したにすぎない。

また，Dill（1976, p.126）によれば，ステークホルダーの構成要素の多様化と，ステークホルダーの影響力の増強によって，経営管理者には，「（横から口出しをする）ポーカーの見物人（kibitzer）」への対応が求められるようになったと考えられている。経営管理者とステークホルダーとの間の関係について，Dill（1976）は，次のように記している。「ステークホルダーの意見と先導的行動は，戦略計画と管理過程における外部性として認識されていたか，戦略計画と管理過程に対する法的および社会的な制約として

---

[3] アメリカ経営学の各研究領域におけるステークホルダー・アプローチの採用に関しては，様々な学説がある。たとえば，Freeman（1984, pp.31-43）によれば，ステークホルダー・アプローチは，経営計画・システム論，「企業の社会的責任」論，組織論において採用されてきているという。また，Freeman and McVea（2001, pp.195-199）によれば，ステークホルダー・アプローチは，経営計画，システム論・組織論，「企業の社会的責任」論，規範的企業理論（normative theories of business），企業統治・組織論，社会的責任・社会的業績，戦略経営論において採用されてきているという。さらに，Jones, Wicks, and Freeman（2002, pp.21-27）によれば，ステークホルダー・アプローチは，企業の社会的責任，経営計画，システム論，組織論において採用されているという。

認識されていたか、そのいずれかである。しかし現実を見れば、外部的なステークホルダーのなかには、経営管理者が経営決定に至る際に積極的な役割の分担を要求するステークホルダーと、そのような役割を実際に獲得するステークホルダーが含まれている。最近では、ステークホルダーの影響力行使（stakeholder influence）からステークホルダー代表の取締役会参加（stakeholder participation）に移行している。（Dill, p.126）」Dill の研究は、ステークホルダーが、「ポーカーの見物人」にも比喩されていた時代を経て、取締役会構成員になったという時代の変化を的確に捉えている。

1980年代に入って、Freeman（1984）は、ステークホルダー研究における道標的文献『戦略経営——ステークホルダー・アプローチ——』を発表した。同書の内容は、**ステークホルダー・プロジェクト**の成果報告書としての性格が強く、1970年代後半のアメリカ社会の観察にもとづいて執筆されているという特徴と、アメリカ経営学の各研究領域の動向に照らしてステークホルダー・アプローチの検討を試みるという特徴を兼ね備えている。そして、同書の特徴は、1970年代から1980年代にかけてのアメリカ社会に生じつつあった変化を踏まえ、ステークホルダーの構成要素の増加を主張したという点にある。なお、Freeman の研究が1990年台以降のアメリカ経営学で所定の地位と評価を得た理由は、フリーマンによって構築された理論体系が戦略経営論の内容充実と発展に貢献したと考えられているからである（Freeman and Lorange, 1985）。

Freeman（1984）の研究とは対照的に、Ansoff（1983）は、ステークホルダーの存在と活動がアメリカで認知されるようになってきているという事実を認めながらも、次のように記している。「経営者に対して社会全体から発せられる圧力は、各人が皆（everybody）の要求を満たすように求めている。企業の広報部門は、企業が『すべてのステークホルダー』に対して等しく即応的であると宣言することもある。しかし、ステークホルダーの願望は相対立し、ステークホルダーの要求に等しく応じることは困難である。……企業の目的（＝企業はすべてのステークホルダーに対して等しく即応的である［引用者注］）は、企業が追求すべき目標によって制限されるべきか、経営者が

追求すべき目標によって制限されるべきである。(Ansoff, 1983, pp.14-16)」Ansoff の見解は，1980 年代から現在に至るまでの戦略経営論におけるステークホルダー・アプローチに影響を与えてきている。

1980 年代後半に入って，ステークホルダー・アプローチは，企業戦略論と企業倫理論の統合の可能性を探る研究としての地位を獲得する。Freeman and Gilbert（1988, p.7；訳書，11 頁参照）は，「企業戦略を理解するためには，ステークホルダー相互で相対立する価値を理解しなければならない。……『倫理は，企業戦略をめぐる議論の核心に据える必要がある。』」と指摘したうえで，企業戦略と企業倫理の統合を目的として，次の 2 項目の原則を提示している。「原則 (a)：企業戦略は，組織構成員の存在価値とステークホルダーの存在価値を考慮すべきである。原則 (b)：企業戦略は，戦略上の選択肢に内在的な倫理的な価値も反映すべきである。(Freeman and Gilbert, 1988, pp.6-8; 訳書，10-12 頁参照)」Freeman and Gilbert の研究を契機として，ステークホルダー・アプローチは，「企業と社会」論ならびに企業倫理論において採用されるようになる（Freeman, 1991, p.169）。

一定の空白の期間を経て，Hillman and Keim（2001）の論文に，ステークホルダー・アプローチが採用されている。Hillman and Keim（2001, p.127）によれば，ステークホルダー・マネジメントが，企業と第一次ステークホルダー（例；顧客，従業員，納入業者，地域社会）との間の良好な関係によって規定されるならば，ステークホルダー・マネジメントは，業績の改善と，無形だが価値ある資産の形成と，競争優位の源泉に貢献すると考えられている。Hillman and Keim の研究は，企業の存続が，企業と特定のステークホルダーとの間の関係によって規定されているという点を指摘するものであり，Ansoff（1965）の研究におけるステークホルダー・アプローチの系統を汲むものである。

企業戦略論・戦略経営論におけるステークホルダー・アプローチの特徴は，次のとおりである。企業目的は，ステークホルダー相互に相対立する要求によって規定されている。Freeman and McVea（2001）の論文は，戦略経営論におけるステークホルダー・アプローチの今後の課題を検討する際に示唆

的である。Freeman and McVea (2001, p.204) は，ステークホルダー・アプローチの課題として，次の4項目を提示している。① 経営実践を臨床的に観察すること。② アメリカ経営学の各研究領域において個別的に採用されてきているステークホルダー・アプローチを戦略経営論に統合すること。③ ステークホルダー研究における根本規範または究極的根拠の探究に終止符を打つこと。④ ステークホルダーの定義に関する絶対普遍の定義の考究は断念すること。Freeman and McVea の指摘は，ステークホルダー・アプローチの方向性を見定めるうえで示唆に富む。

「企業の社会的責任」論におけるステークホルダー・アプローチ

　「企業の社会的責任」の形成期，インタレスト・グループの存在が既に指摘されていた。スタンダード・オイル（Standard Oil Company）の取締役会会長 Abrams (1951) が *Harvard Business Review* に寄せた論稿「複雑な社会における経営者の責任」（Management's Responsibilities in a Complex World) には，企業とインタレストグループとの間の関係が記されている。「専門経営者は，企業の事業活動の遂行に際して，多様なインタレスト・グループの要求を公平かつ均衡的な状態を保つという職務を担当している。企業は，法律によって技術的に生み出された存在であり，社会の効用の最大化を目的として存在する。企業の成長と発展の実現に向けて，専門経営者は，様々なインタレスト・グループ（＝株主，従業員，顧客，社会一般の人々）の要求を調整すべきである。(Abrams, 1951, p.54)」Abrams の構想は，「企業の社会的責任」における受託原理を思想的基盤として構築されていると考えられている（Post, Lawrence, and Weber, 2002, p.63)。

　その後，CED（Committee for Economic Development；経済開発委員会）が1971年に公開した文書「営利法人における社会的な諸責任——調査と政策にもとづく国家の政策提言——（*Social Responsibilities of Business Corporations: A Statement on National Policy by the Research and Policy*)」（経済同友会訳『企業の社会的責任』鹿島出版会，1972年）によれば，1970年代のアメリカは，それ以前のアメリカにおける社会問題の紛争（例；環境問

題・人種問題・都市問題の深刻化，消費者運動の高揚）を受けて，1970年以降のアメリカ社会の方向性を模索した時期であったという。CED（1971）の文書には，次のように記されている。「……その利益と福祉が企業に依存し，その支持が企業の成功に不可欠な集団（例；株主，顧客・消費者，納入業者，地域住民）は，企業の構成員である。……巨大株式会社の構成員は，アメリカという多元主義社会を構成する集団（例；競合企業，労働組合，利益団体，教育機関，報道機関，政府）との間に持続的な関係を構築してきている。(CED, 1971, pp.19-20；訳書，22-23頁)」1970年代，CED所属の経営者約200名（1972年時点）は，「企業の社会的責任」として，「多元主義社会を構成する集団」の存在を共通に認識していたのである。

「企業の社会的責任」論は，Ackerman and Bauer（1976）が提唱した「企業の社会的即応性」の構想によって内容充実を遂げる。しかし，Ackerman and Bauer（1976）の著書『企業の社会的即応性——現代におけるジレンマ——』（*Corporate Social Responsiveness: The Modern Dilemma*）には，ステークホルダーの存在に言及した箇所を探り当てることはできない。その後，Post et al.（2002）は，「企業の社会的即応性」の視点から，企業とステークホルダーとの間の関係について，次のように記している。「『企業の社会的即応性』の指導原理は，経営者主導の寛大な行為（＝慈善原理にもとづく行為［引用者注］）とは異なり，経営者が社会一般の人々の受託者として自覚（＝受託者原理にもとづく行為［引用者注］）とも異なる。『企業の社会的即応性』は，ステークホルダーから提出された社会的要請を企業が内部化する過程と，企業がステークホルダーに影響を与える際に採用した社会的行動の過程に見ることができる。(Post et al., 2002. p.81)」このように，「企業の社会的即応性」には，ステークホルダーから提出された社会的要請に対する実践的な即応という意図を読み取ることもできる。

1970年代後半から1990年代にかけて，「『企業の社会的責任』を高度化したモデル」（＝『企業の社会的即応性』，『企業における社会政策過程』，『経営における社会的課題事項』，『企業の社会的業績』［corporate social performance］）が相次いで提唱された。しかしながら，Freeman and Liedtka

(1991)の論文「企業の社会的責任——批判的アプローチ——」(Corporate social responsibility: A critical approach)によれば,「『企業の社会的責任』を高度化したモデル」のなかで「経済的」と「社会的」に区別が設けられている限り,同様のモデルに汎用性を認めることはできないという。同論文によれば,経営学研究者は,「企業の社会的責任」という使い古された言回し(worn-out language)を捨て,新しく高品位(rich)であり,有益な(more useful)研究に取り組むべきであるという(Freeman and Liedtka, 1991, p.93)。そして,そのような性格の研究として,Freeman and Liedtka (pp.96-97)は,ステークホルダー研究を位置付けている。

Academy of Management Journal の特集「ステークホルダー・社会的責任・社会的業績——経験的証拠と理論的考察——」(Stakeholders, Social Responsibility, and Performance: Empirical Evidence and Theoretical Perspectives)のなかで,Harrison and Freeman (1999)は,現実界を経済と社会に分割する作業に終止符を打つための研究として,ステークホルダー研究を位置付けている。「経済効果(economic effect)は社会効果を含意する。社会効果(social effect)も経済効果を含意する。現実界を経済と社会に分割することは非常に専断的である。ステークホルダー・マネジメントの本来的な目的もまた経済と社会の統合に向けた途を探ることにあった。それゆえ,経営学研究者は,経済または社会という分類を越えて,ステークホルダーに対する効果を測定するための確固たる方法を探り出す必要がある。(Harrison and Freeman, 1991, pp.483-484)」ステークホルダー・アプローチは,「企業の社会的責任」の限界を超えることを意図するものである。

「企業の社会的責任」論におけるステークホルダー・アプローチの特徴は,次のとおりである。第1に,企業は,ステークホルダーのために不可欠な役割を担う存在となっている。第2に,企業は,ステークホルダーの活動に多大な影響を与えている。第3に,企業とステークホルダーとの間の関係には,権力関係を見ることができる。この場合,企業は,ステークホルダーに対して優越的な地位にあると考えられている。なお近年,企業とステークホルダーとの間の権力関係の克服に向けて企業市民(corporate citizenship)と

しての企業と，ステークホルダーとの間の関係が議論の対象となっている（Waddock, 2002）。Post et al.（2002）は，企業市民としての企業と，ステークホルダーとの間の関係について，次のように記している。「企業市民という用語は，ステークホルダーに向けて責任ある行動をとる企業を指している。企業市民には，企業と社会の関係様式に関わる経営課題の認識と，企業とステークホルダーとの間の協力関係の構築と，社会問題解決型の戦略目標を通じた事業機会の発見と，財務的業績と社会的業績の区分の促進に向けて事前予測的に行動することが求められる。（Post et al., 2002, p.81）」しかし，企業市民としての企業と，ステークホルダーとの間の関係に関する研究は発展途上の段階にある。

「企業と社会」論におけるステークホルダー・アプローチ

McGuire（1964）の著書『企業と社会』において，アメリカという国家は，多元主義社会（pluralistic society）という視点から分析されている。McGuire（1964, p.130）によれば，多元主義という考え方は，アメリカという民主主義を標榜する国家において重要である。理由は，個人が行動および表現の自由を手に入れるためには，パワーの分散と，特定の集団および組織に対する忠誠が消散しなければならないと考えられているからである。

多元主義社会について，Davis and Blomstrom（1966）は，次のように記している。「多元主義社会では，多種多様な集団（diverse groups）が企業の環境に対して自律的に関与し，企業の環境に影響力を行使し続けてきている。企業もまた同様の性格の集団に対して関与し，影響力を行使することができる。多元論とは，現実の社会（＝アメリカ社会の現実［引用者注］）を説明する際に必要な視点を提供する。……多元論の要点は，企業に影響を与える集団への参加資格が各人の掌中にあるという点である。（Davis and Blomstrom, 1966, p.9）」Davis and Blomstrom の研究の特徴は，企業と，多元主義社会の構成員として集団との間の関係を相互依存関係として捉える点にある。

Davis and Blomstrom（1966）の研究は，書名と筆者を変更しながら，現

在に至るまで連綿と引き継がれてきている。同書の第1版（1966年刊行）から第10版（2002年刊行）の内容には，多元主義社会の構成員としての集団に関する説明内容の変化を見ることができる。同書の第3版（1975年刊行）では，「企業に対して特定の要求を直接的に主張しうる集団」は，依頼人（clients）である（Davis and Blomstrom, 1975, p.59）。同書の第5版（1984年刊行）では，企業とステークホルダーとの間の関係は，市場を媒介とするか否かによって規定されている（Davis and Frederick, 1984, pp.7-11）。同書の第10版（2002年刊行）では，ステークホルダーの権益とパワーに社会的な承認が付与されている。この場合，ステークホルダーは，「企業の決定・政策・事業活動に影響を与えるか，企業の決定・政策・事業活動によって影響を被るか，いずれかの立場にある個人または集団（Post et al., 2002, p.8）」を指して用いられている。

また，Carroll and Buchholtz（2003）の著書『企業と社会——倫理とステークホルダー・マネジメント——』（*Business and Society: Ethics and Stakeholder Management*）には，ステークホルダー・アプローチが積極的に採用されている。Carroll and Buchholtz（2003）は，企業の役割の変化とそれを促進するステークホルダーの役割について，次のように記している。「今日の営利組織のなかでも，とりわけ現代株式会社は，複雑化した社会における中核的な制度である。……かつて，企業は，財・サービスの生産ならびに販売によって利潤を創出するための専門化された手段（specialized means）として考えられていた。しかし現在，企業は，ステークホルダーとしての個人または集団がその生活と繁栄を依存するような多目的な社会的制度（multipurpose social institution）に変容している。生活様式の絶えざる向上に高い関心を示す社会の内部において，善良な生活（the good life）の実現に関わる権利を主張する集団は増加傾向にある。それゆえ，現代の営利組織体は，それがかつて無力とみなし，善良な生活の実現に関わる権利をも認めえなかった個人または集団に対して即応的にならざるをえなくなっている。このような個人または集団は，『ステークホルダー』として広く認識されている。……現在，営利組織体の存続は，ステークホルダーの正当な期待と要求の実現によって

担保されている。このことは，企業が追求すべき倫理的な条理（ethical course of action）となっている。（Carroll and Buchholtz, pp.68-69）」同書には，企業が追求すべき倫理的な条理として，ステークホルダー・マネジメントという構想が提示されている。ステークホルダー・マネジメントとは，経営管理者が，企業の事業活動に対して固有の要求の実現を権利として主張しうる個人または集団を識別したうえで，そのようなステークホルダーの関心事項を企業における戦略的な計画と業務に組み込むことを意味している。Carroll and Buchholtz によれば，ステークホルダー・マネジメントは，経営決定に関わる人物が，倫理的英知（ethical wisdom）を管理的英知（management wisdom）に統合する際に利用可能なアプローチであるという。

「企業と社会」論におけるステークホルダー・アプローチの特徴は，次のとおりである。第1に，アメリカという国家は，多元主義社会という視点から分析されている。多元主義社会の構成員としての個人または集団には，ステークホルダーとしての権利が帰属する。しかし，多元主義という視点は，アメリカという国家を説明する際に利用可能な観点だとしても，アメリカ以外の国家には適用できないという点で問題を残している。第2に，企業の機能に関して，過去のそれと現在のそれは異なる。過去の時点では，企業は，財・サービスの生産ならびに販売によって利潤を創出するための専門化された手段とみなされていた。しかし現在，企業は，ステークホルダーとして特定可能な個人または集団がその生活と繁栄を依存するような多目的な社会的制度に変容してきている。

企業統治論におけるステークホルダー・アプローチ

企業統治論におけるステークホルダー・アプローチには，企業統治の主体が，株主なのか，株主以外のステークホルダーなのか，株主を含むステークホルダーなのか，そのいずれかを限定するという傾向を見ることができる。

John and Senbet（1998）の論文「企業統治と取締役の有効性」（Corporate Governance and Board Effectiveness）には，次のように記されている。「企業統治は，ステークホルダーの権益の確保に必要なメカニズムと，会社構成員

による経営者支配（control）の実現に向けたメカニズムを提起する。……市場主義経済に特徴的な，いわゆる所有と経営の分離を前提とすれば，企業統治の関心は，『どのようにしてステークホルダーは経営者を支配するのか』という点に集約されている。(John and Senbet, 1998, p.372)」John and Senbet の論文の特徴は，ステークホルダーを経営者支配の主体として捉えた点である。

　企業統治論は，企業の民主化促進に関する研究としての性格も兼ね備えている。Freeman and Reed（1983, p.95）によれば，企業の民主化促進の条件は，株主の取締役会参加と，ステークホルダー代表の取締役会参加である。Freeman and Reed（1983）の研究成果の歩を進めたのは，Alkhafaji（1986）の研究である。Alkhafaji（1986, pp. 112-113）は，企業の民主化促進に向けて，ステークホルダー参加型の取締役会（stakeholder board）を提唱する。Alkhafaji の研究は，企業統治論におけるステークホルダー・アプローチの一応の到達地点となっている。なお，ステークホルダー参加型の取締役会の構成と構造に関しては，Luoma and Goodstein（1999）の研究に詳しい。

　しかし，企業統治論におけるステークホルダー・アプローチに疑問の眼差しを向ける研究も存在する。Donaldson and Dunfee（1999）は，*Financial Times* の Sternberg によって執筆された記事を引用している。「企業統治論におけるステークホルダー・アプローチは原理自体が混乱している。ステークホルダー・アプローチは，企業が，特定の集団によって影響を被るという仮説と，特定の集団に影響を与えるという仮説を根拠として，企業はステークホルダーに説明責任を負うべきであるという結論を導き出している。しかし，上記の結論は，企業の存立基盤を浸食する（＝民間部門に属する組織体としての株式会社の私的権利を侵す［引用者注］）という可能性と，株主の所有権を侵害するという可能性と，代理人（agent）が依頼人（principle）に負うべき義務を無視するという可能性がある。(Donaldson and Dunfee, 1999: p.241)」Sternberg の指摘は，ステークホルダー・アプローチの論争点を洗い出すものである（Sternberg, 1996a; 1996b）。なお，同様の問題に関しては，Goodpaster（1991）が既に一定の解決策を提示したものの，問題解決の

糸口は判然としない。

　採用件数は限定されているものの，企業統治論におけるステークホルダー・アプローチの特徴は，次のとおりである。第1に，経営者支配の主体はステークホルダーに期待されている。しかし，所有にもとづく支配を根拠として，経営者支配の主体は株主であるという理解も根強い支持を集めている。この点に関しては，Goodpaster（1991）の研究に詳しい。第2に，ステークホルダー・アプローチでは，ステークホルダー代表の取締役会参加と，ステークホルダー主体の取締役会が提唱されている。なお，アメリカにおける実態として，公益代表取締役の設置件数は増加してきているものの，ステークホルダー代表の取締役会参加とステークホルダー主体の取締役会はほとんど存在しないともいわれている。しかし近年，Monks and Minow（2001, p.37）によれば，ステークホルダー法（stakeholder law）の成立など，アメリカ国内の半数以上の州では，従来の株式会社法の不備を補う努力が重ねられているという。また，Derber（1998, pp.251-252）によれば，ステークホルダー条項（stakeholder statutes）の成立を経て，取締役の法的な権限は，株主重視から，ステークホルダー（例；従業員，顧客，地域社会，その他）重視に拡大解釈されるようになったと考えられている。同条項の成立によって，取締役が利潤の最大化を犠牲にしてステークホルダーの権利を保護するために行動したとしても，会社は株主に対する受託責任の侵害という理由で訴えられることはなくなったのである。

　なお，OECD（Organization for Economic Cooperation and Development；経済協力開発機構）が2004年に公開した文書『OECD企業統治原則改訂版』（*OECD Principles of Corporate Governance*）には，企業統治におけるステークホルダーの役割として，以下6項目が提示されている（OECD, 2004）。「A：ステークホルダーの法的権利と，企業とステークホルダーとの間で相互に合意に到った権利は尊重されるべきである。B：ステークホルダーの法的権利とそれに伴うステークホルダーの利益が侵害された場合には何らかの補償が必要である。C：従業員参加による業績向上のための企業統治機構は促進されるべきである。D：企業統治プロセスにステークホルダーが参加する場合

には，必要にして十分な，そして質的に信頼できる情報をステークホルダーが適宜適切に入手できるようにすべきである。E：ステークホルダーのなかでも，従業員と従業員代表の団体は，企業における違法行為または反倫理的な行為に関して，取締役に自由に問い合わせることができる。そして，たとえステークホルダーが問い合わせたとしても，ステークホルダーの権益は保護されるべきである。F：企業統治のフレームワークは，有効かつ効率的な倒産処理のフレームワークと，債権者の権利の執行によって補強されるべきである。（OECD, 2004, pp.46-48）」『OECD企業統治原則改訂版』の内容は，企業統治論におけるステークホルダー・アプローチの今後の議論の展開を推し量るうえで示唆に富む。

企業倫理論におけるステークホルダー・アプローチ

　ステークホルダー・アプローチが企業倫理論において採用されるようになったのは，Evan and Freeman（1988）の論文「ステークホルダー型現代株式会社モデル——カント主義的資本主義——」以降である。同論文は，経営学の課題に，Kantの理論を適用した最初期の研究である。Evan and Freeman（1988, p.72）は，Kantの定言命法における第2法式（＝自他の人間性を手段としてだけではなく常に目的として扱うように行為せよ）を理論的根拠として，「企業の目的は，ステークホルダーの権益を調整する手段として機能することにある」という命題を導き出している。Evan and Freemanの研究成果は，Bowie（1999a）の著書『企業倫理学——カント主義の観点——』において理論的な発展を遂げることとなる。

　また，Wicks, Gilbert, and Freeman（1994）は，フェミニスト哲学（feminist philosophy）を採用して，ステークホルダー・アプローチの解釈を試みている。フェミニスト哲学は，人文科学の分野で広く普及した思想体系であり，男権主義の内容と対照的である（McLennan, 1995, p.7）。フェミニスト哲学では，共感・思いやり・信頼・友誼に代表されるような，親密な関係（close relationship）重視されている（Rosenthal and Buchholz, 2000, p.143；訳書，190頁参照）。Wicks et al.（1994, p.493）は，フェミニスト哲学を参考

として，①ステークホルダーの連携と，②ステークホルダー・パワーの分散と，③ステークホルダー相互の合意の形成が相互に作用することによって，ステークホルダーから構成されるネットワーク全体の価値が増幅するという結論を導き出している。Wicks et al の研究成果は，Rosenthal and Buchholz (2000) の研究において理論的な発展を遂げることとなる。

さらに，Donaldson and Dunfee (1999) は，「統合社会契約論」(*integrated social contract theory*) と「超規範」(*hyper-norms*) を提起したうえで，ステークホルダー・アプローチの解釈を試みている。「(当面の経営課題に関係する［引用者挿入］) 社会政治的共同体 (sociopolitical communities) は，文化的選好と経済的指標の達成を目標として掲げ，ステークホルダーとして重視すべき個人または集団を識別する際に必要な倫理規範を編み出しただけではなく，正当なステークホルダーの責務を限定する際に必要な倫理規範も編み出している。……人類への危害を回避するために，グローバル組織は『超規範』を遵守する義務を負う。従業員・消費者・関係当事者以外を回避可能な身体的危険にさらさないためには，グローバルな行動基準の確立が必要である。(Donaldson and Dunfee, 1999, p.250)」Donaldson and Dunfee の研究は，「超規範」の導入によって，ステークホルダー認識に一定の判断基準を提供するものである。

企業倫理論におけるステークホルダー・アプローチの特徴は，次のとおりである。第1に，ステークホルダー・アプローチは，倫理学内部の基本原則や理論（例；義務倫理学，フェミニスト哲学，社会契約論）を根拠として，個々別々に構築されている。それゆえ，ステークホルダー・アプローチの内容には一貫性が見られない。第2に，ステークホルダー・アプローチは，企業に対する固有の要求の実現を権利として主張しうる個人または集団をステークホルダーとして認識したうえで，経営管理者は，ステークホルダーの存在価値を尊重すべきであるという命題を導き出している。このような「カント主義」的な立場は，Phillips (2003) の著書『ステークホルダー理論と組織的倫理』にも貫かれている。Phillips (2003) は，「カント主義」の立場を超えて，ステークホルダー・アプローチに功利主義または「公正」（＝機

会均等)という理論を導入している。しかし,いずれの立場または理論を支持するとしても,企業倫理論におけるステークホルダー・アプローチの内容は,理論と現実の相克を常に伴っているといえよう。

3. ステークホルダー・アプローチの統合

　以上の文脈において確認したように,ステークホルダー・アプローチは,1970年代以降のアメリカ経営学の各研究領域(例;企業戦略論・戦略経営論,『企業の社会的責任』論,『企業と社会』論,企業統治論,企業倫理論)において個別的かつ分散的に採用されてきている。

　ステークホルダー・アプローチに横断的な論点は,社会科学方法論の構成要素——概念規定・理論的研究・実践的研究——に準拠して設定することができる。概念規定は,理論的研究と実践的研究の基盤である。理論的研究は,社会における現象の体系的説明を意図している。理論的研究の過程から導き出された公理は,実践的研究の過程で公式化されている。

　理論的研究と実践的研究との間の論理的な整合性は,理論的研究における公理を適用することによって説明できる。公理を公式化する際に必要な理由は,第1に,理論的研究の成果が現実の社会に開かれた内容を備えていなければならないからであり,第2に,社会科学の研究成果が社会における様々な問題の解決に向けて応用可能でなければならないからである。したがって,実践的研究の内容は,現代の資本主義社会に特徴的な問題の解決に向けた提言という性格を帯びている。

　ステークホルダー・アプローチに横断的な論点は,社会科学方法論の構成要素に準拠して,(論点1)ステークホルダー概念の規定,(論点2)ステークホルダー理論,(論点3)ステークホルダー・マネジメントに設定することができる。そして,論点1・論点2・論点3は,ステークホルダー研究の論点を構成することとなる。論点1として,本書は,ステークホルダーの分析的定義と総合的定義を区別したうえで,ステークホルダー認識の構造と,ステークホルダー概念に関する諸分類法を整理する。論点2として,本書

は，ステークホルダー理論の論理構造を明らかにしたうえで，ステークホルダー理論とステークホルダー・マネジメントとの間の論理的な整合性を確定する。論点3として，本書は，ステークホルダー・マネジメントの構想を提示する。

4. 小　括

　企業と社会の関係様式の変遷の過程において，企業に対する固有の要求の実現を権利として主張しうる個人または集団がステークホルダーとして認識されるようになってきている。

　ステークホルダーの英語表記"stakeholder"の語源は，「正当な所有権を主張する移住民」である。その後，1960年代のアメリカにおける経営学の研究者を中心として，"stakeholder"が"stockholder"の韻を踏んで採用されたという見方が広範囲に共有されるようになる。時期を前後して，ステークホルダーは，「企業の事業活動によって影響を被るか，それに影響を与えるか，いずれかの個人または集団」を指して用いられるようになる。なお，企業とステークホルダーとの間に認めうる影響に関しては，Banville, Landry, Martel, and Boulaire（1998）が極めて詳細な分析を試みている。しかしながら，いずれの研究の内容も抽象論の域を越えるものではない。

　アメリカ経営学において採用されているステークホルダー・アプローチの源流は，1960年代に遡る。1960年代以降，ステークホルダー・アプローチは，アメリカ経営学の各研究領域（例；企業戦略論・戦略経営論，『企業の社会的責任』論，『企業と社会』論，企業統治論，企業倫理論）において採用されてきているものの，各研究領域における議論の展開は個別的かつ分散的である。このようなステークホルダー・アプローチの統合に向けて，ステークホルダー研究の構築に向けた基盤的なプロジェクトが実施されている。代表的には，**ステークホルダー・プロジェクト**と，**株式会社の再定義プロジェクト**である。両プロジェクトの研究成果を考慮したうえで，ステークホルダー・アプローチに横断的な論点は，社会科学方法論の構成要素——概

念規定・理論的研究・実践的研究——に準拠して設定することができる。本書で採用されている論点とは，（論点1）ステークホルダー概念の規定，（論点2）ステークホルダー理論，（論点3）ステークホルダー・マネジメントである。論点1・論点2・論点3は，ステークホルダー研究の論点を構成する。

参考文献

Abrams, F. W., "Management's Responsibilities in a Complex World", *Harvard Business Review*, Vol.29, No.3, 1951, pp.29-34.

Ackerman, R., & Bauer, R., *Corporate Social Responsiveness: The Modern Dilemma*, Virginia: Reston, 1976.

Alkhafaji, A. F., *A Stakeholder Approach to Corporate Governance: Managing in a Dynamic Environment*, New-York: Quorum, 1986.

Ansoff, H. I., *The New Corporate Strategy*, New-York: McGraw-Hill, 1965.（広田寿亮訳『企業戦略論』産業能率短期大学出版部，1969年）

Ansoff, H. I., "Societal Strategy for the Business Firm", Lamb, R. ed., *Advances in Strategic Management*, Connecticut: JAI, 1983, pp.3-29

Banville, C., Landry, M., Martel, J. M., & Boulaire, C., "A Stakeholder Approach to MCDA", *Systems Research and Behavioral Science*, Vol.15, No.1, 1998, pp.15-32.

Bowie, N. E., "A Kantian Theory of Capitalism", *Business Ethics Quarterly*, The Ruffin Series Special Issue #1, 1999a, pp.37-60.

Bowie, N. E., *Business Ethics: A Kantian Perspective*, Massachusetts: Blackwell, 1999b.

Carroll, A. B., & Buchholtz, A. K., *Business and Society: Ethics and Stakeholder management*, 5th edition, Ohio: South-Western, 2003.

Committee for Economic Development, *Social Responsibilities of Business Corporations: A Statement on National Policy by the Research & Policy*, A Statement by the Research and Policy Committee, 1971.（経済同友会訳『企業の社会的責任』鹿島出版会，1972年）

Davis, K., & Blomstrom, R. L., *Business and Its Environment*, New-York: McGraw-Hill, 1966.

Davis, K., & Blomstrom, R. L., *Business and Its Environment*, 3rd edition, New-York: McGraw-Hill, 1975.

Davis, K., & Frederick, W. C., *Business and Society: Management, Public Policy and Ethics*, 5th edition, New-York: McGraw-Hill, 1984.

Derber, C., *Corporation Nation: How Corporations are taking over Our Lives and What We Can Do about It*, New-York: St.Martin's Press, 1998.

Dill, W. R., "Strategic Management in Kibitzer's World", Ansoff, H. I., Declerck, R. P., & Hayes, R. L. eds., *From Strategic Planning to Strategic Management*, New-York: John Wiley & Sons, 1976, pp.125-136.

Donaldson, T., & Dunfee, T. W., *Ties that Bind: A Social Contracts Approach to Business Ethics*, Boston: Harvard University Press, 1999.

Evan, W. E., & Freeman, R. E., "A Stakeholder Theory of the Modern Corporation: A Kantian Capitalism", Beauchamp, T. L., & Bowie, N. E. eds., *Ethical Theory and Business*, 3rd edition, New-Jersey: Prentice-Hall, 1988.

Freeman, R. E., *Strategic Management: A Stakeholder Approach*, Boston: Pitman, 1984.
Freeman, R. E., & Reed, D. L., "Stockholders and Stakeholders: A New Perspective on Corporate Governance", *California Management Review*, Vol.25, No.3, 1983, pp.88-106.
Freeman, R. E., & Liedtka, J., "Corporate Social Responsibility: A Critical Approach", *Business Horizons*, Vol.34, No.4, 1991, pp.92-98.
Freeman, R. E., "Business Ethics at the Millennium", *Business Ethics Quarterly*, Vol.10, No.1, 1991, pp.169-180.
Freeman, R. E., & Gilbert, D. R. Jr., *Corporate Strategy and the Search for Ethics: Comments on Corporate Governance and the Search for Ethics*, New-Jersey: Prentice-Hall, 1988.（笠原清志監訳『企業戦略と倫理の探究』文眞堂, 1999 年）
Freeman, R. E., & Lorange, P., "Theory Building in Strategic Management", Lamb, R., & Shrivastava, P. eds., *Advances in Strategic Management*, New-Jersey: JAI, 1985, pp.9-38.
Freeman, R. E., & McVea, J., "A Stakeholder Approach to Strategic Management", Hitt, M. A. Freeman, R. E., & Harrison, J. S. eds., *The Blackwell handbook of strategic management*, Massachusetts: Blackwell, 2001, pp.189-207.
Goodpaster, K. E., "Business Ethics and Stakeholder Analysis, *Business Ethics Quarterly*, Vol.1, No.1, 1991, pp.53-73.
Gordon, R. A., *Business Leadership in the Large Corporation*, California: University of California Press, 1961.
Harrison, J. S., & Freeman, R. E., "Stakeholders, Social Responsibility, and Performance: Empirical Evidence and Theoretical Perspectives", *Academy of Management Journal*, Vol.42, No.5, 1999, pp.479-485.
Hillman, A. J., & Keim, G. D., "Shareholder Value, Stakeholder Management, and Social Issues: What's the Bottom Line?", *Strategic Management Journal*, Vol.22, No.1, 2001, pp.125-139.
John, K., & Senbet, L. W., "Corporate Governance and Board Effectiveness", *Journal of Banking and Finance*, Vol.22, No.4, 1998, pp.371-403.
Jones, T. M., Wicks, A. C., & Freeman, R. E., "Stakeholder Theory: The State of the Art", Bowie, N. E. ed., *The Blackwell Guide to Business Ethics*, Massachusetts: Blackwell, 2002.
Julius, D., "Globalization and Stakeholder Conflict: A Corporate Perspective", *International Affairs*, Vol.73, No.3, 1977, pp.453-468.
Luoma, P., & Goodstein, J., "Stakeholders and Corporate Boards: Institutional Influences on Board Composition and Structure", *Academy of Management Journal*, Vol.42, No.5, 1999, pp.553-563.
McGuire, J. W., *Business and Society*, New-York: McGraw-Hill, 1964.（中里皓年, 井上温通訳『現代産業社会論―ビジネスの行動原理―』東京好学社,1969 年）
McLennan, G., *Concepts in the Social Sciences: Pluralism*, Berkshire: Open University Press, 1995.
Mitroff, I. I., *Stakeholders of the Organizational Mind: Toward a New View of Organizational Policy Making*, San Francisco: Jossey-Bass, 1983.
Monks, R. A. G., & Minow, N., *Corporate Governance*, 2nd edition, Massachusetts: Blackwell, 2001.
OECD, "The Role of Stakeholders in Corporate Governance", *OECD Principles of Corporate governance*, http://www.oecd.org/document/49/0,2340,en_2649_37439_31530865_1_1_1_37439,00.html, 2004 年 7 月 1 日アクセス.
Phillips, R., *Stakeholder Theory and Organizational Ethics*, San Francisco: Berrett-Koehler, 2003.
Post, J. E., Lawrence, A. T., & Weber, J., *Business and Society: Corporate Strategy, Public Policy and Ethics*, 10th edition, International: Irwin McGraw-Hill, 2002.

Preston, L. E., "Communication: Corporations and Their Stakeholders", *Global Focus: An International Journal of Business, Economics, and Social Policy*, Vol.11, No.3, 1999, pp.53-54.
Rhenman,E., *Industrial Democracy and Industrial Management: A Critical Essay on the Possible Meanings and Implications of Industrial Democracy*, London: Koninklijke Van Gorcum & Comp, 1968. (Rhenman, R., *Företagsdemokrati och Företrgsorgonisation*, Tavistock: Norstedt & Söners Förlag, 1968.)
Rosenthal, S. B., & Buchholz, R. A., *Rethinking Business Ethics: A Pragmatic Approach*, New-York: Oxford University Press. (岩田浩・石田秀雄・藤井一弘訳『経営倫理学の新構想』文眞堂, 2001年).
Sternberg, E., "Letter to the Editor", *Financial times*, August-29.1995.
Sternberg, E., "Stakeholder Theory Exposed", *Economic Affairs*, Vol.16, No.3, 1996a, pp.36-8.
Sternberg, E., "Stakeholder Theory Exposed", *Corporate Governance Quarterly*, Vol.2, No.1, 1996b, pp.4-18.
Sawyer, G. C., *Business and Society: Managing Corporate Social Impact*, Boston: Houghton Mifflin, 1979.
Stewart, R. F., *The Strategic Plan*, Long Range Planning Service (Report No.168.), Stanford Research Institute, 1963.
Waddock, S., *Leading Corporate Citizens: Vision, Value and Value Added*, New-York: Irwin McGraw-Hill, 2002.
Wicks, A. C., Gilbert, D. R. Jr., & Freeman, R. E., "A Feminist Reinterpretation of the Stakeholder Concept", *Business Ethics Quarterly*, Vol.4, No.4, 1994, pp.475-497.
Wicks, A., "How Kantian a Kantian Theory of Capitalism", *Business Ethics Quarterly*, The Ruffin Series Special Issue #1, 1999, pp.61-73.

第3章

企業とステークホルダー

1. ステークホルダーの概念的基礎

(1) ステークホルダーの分析的定義

　ステークホルダーの分析的定義は，ステークホルダーの存在を現象的に規定している。ここに，ステークホルダーは複数種類実在するという見方が成立する。それゆえ，企業とステークホルダーとの間の関係は，図3-1のように，「ステークホルダーの分布図」として記述的に示すこともできる。なお，「ステークホルダーの分布図」には，Freeman（1984, p.25）によって提唱された「ステークホルダー型企業モデル」など，様々なモデルが今日に至るまでの間に提唱されてきている（Waddock, 2002, pp.7-9）。

　ステークホルダーの分析的定義の特徴は，ステークホルダーの存在を個別的に捉える点にある。Donaldson and Preston（1995, p.84）によれば，従業員がステークホルダーとして認識される場合の条件は，従業員の「努力」である。顧客がステークホルダーとして認識される場合の条件は，顧客における「満足」と「安全の確保」である。近隣住民がステークホルダーとして認識される場合の条件は，近隣住民における「清浄な空気を確保する権利」と「市民生活に必要な生活基盤の整備を求める権利」である。このように，ステークホルダーの分析的定義は，企業と個別ステークホルダー（例：従業員，顧客，近隣住民）との間の関係を規定するものである。

　企業と個別ステークホルダーとの間の関係は，「ステークホルダーの分布図」に記述することができる。しかし，時代および状況の変化とともに，「ステークホルダーの分布図」には限界が生じる。たとえば，「ステークホ

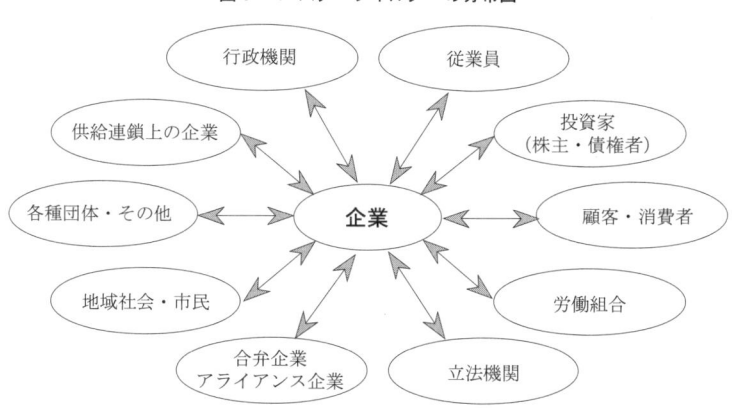

図 3-1. ステークホルダーの分布図

［図：中央に「企業」を置き、周囲に「行政機関」「従業員」「投資家（株主・債権者）」「顧客・消費者」「労働組合」「立法機関」「合弁企業・アライアンス企業」「地域社会・市民」「各種団体・その他」「供給連鎖上の企業」が双方向矢印で結ばれているステークホルダー分布図］

備考：Post, J. E., Preston, L. E., and Sachs., *Redefining the Corporation: Stakeholder Management and Organizational Wealth*, California: Stanford University, 2002, p.22.

ルダーの分布図」に NGO または競合企業（competitor）の存在が記されていないという意見が提出された場合，「ステークホルダーの分布図」を加筆または修正する必要が生じる。また，「ステークホルダーの分布図」は，ステークホルダーとして特定可能な個人または集団に保障された諸権利を的確に反映するものではない。具体的には，ステークホルダーとして特定可能な個人に対して，たとえば，株主としての権利と，従業員としての権利と，地域住民としての権利が保障されているという状況を想定した場合，ステークホルダーとして特定可能な個人の諸権利は並列することとなる。このようにして考えれば，「ステークホルダーの分布図」はもはや現代の資本主義社会の構成単位としての個人または集団に無制限または一定の範囲内で保障された諸権利を的確に反映するモデルではない。

(2) **ステークホルダーの総合的定義**

ステークホルダーの分析的定義の場合，ステークホルダーは個別概念として理解されている。他方，ステークホルダーの総合的定義の場合，ステークホルダーは集合概念として理解されている。

図 3-2. ステークホルダーの総合的定義

```
                  ┌─────────────────────────────────┐
                  │ 権益（＝権利とそれに伴う利益［＝特定の対象 │
                  │ に向けた興味，積極的・選択的な心構え，選好 │
                  │ と嗜好，高い優先順位，などを含む］）        │
                  ├─────────────────────────────────┤
 ステークホルダー  │ 持分（＝共有者が共有物について有する割合 │  ステークホルダー
 として特定可能な ＜ 的権利）                                    ＞
 個人または集団   ├─────────────────────────────────┤
                  │ 請求権（＝他人に対して一定の行為［作為・ │
                  │ 不作為］を請求しうる権利）                  │
                  │ ・法的権利（＝適正な法的手続に対する権   │
                  │   利，プライバシー権）                      │
                  │ ・道徳的権利（＝公正・正義・公平という判断基 │
                  │   準にもとづく権利）                        │
                  └─────────────────────────────────┘
```

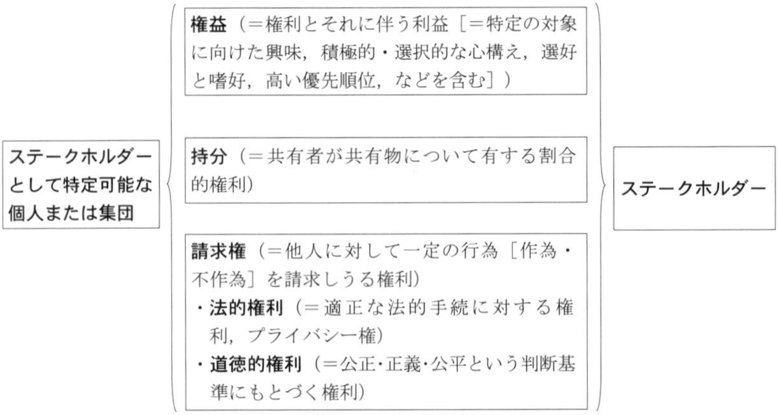

備考：Carroll, A. B., and Buchholtz, A. K., *Business and Society: Ethics and Stakeholder Management*, 5th edition, Ohio: South-Western, 2003, pp.69-70. を参考として筆者が作成。

　ステークホルダーの総合的定義は，ステークホルダーの存在を本質的に規定している。ここに，ステークホルダーとして一括可能な個人または集団が存在するという見方が成立する。図3-2によれば，ステークホルダーとして特定可能な個人または集団が，対象企業に対して，権益・持分・請求権のうち，そのいずれかを主張しうるならば，そのような個人または集団は，当該企業のステークホルダーであるという。Carroll and Buchholtz（2003）は，① ステークホルダーの構成単位を確定したうえで，② ステークホルダーとしての構成要件を提示している。

ステークホルダーの構成単位

　ステークホルダーを構成する基本的な単位は，個人または集団である。個人は単一の人・一個人・私人であり，個々別々の人である。個人が規則的かつ持続的に相互結合した場合，集団が形成される。2人以上の者が一定の共通目標を達成するために結合した集団は，団体である。また，一定の共通目標を達成するために，成員間の役割や機能が分化・統合されている集団は，組織である。

ステークホルダーとしての構成要件

　構成要件の第1は，権益（an interest）である。"interest"とは，「1：興味，関心，感興，おもしろさ，好奇心，2：興味を起こさせるもの，興味の対象，関心事，趣味，3：重要（性），重大（性），4：（法律上の）所有権，権利，要求権；（金銭上の）権利，利権；（持）株；利害関係，5a：利益，ため，5b：私利，私心，私情，6：勢力，支配力；信用；縁故，7：（多くの人が共通して関係する）事柄，主義，主張（新英和中辞典）」を意味する。また，英米法において，"interest"は，「1：利益（Right［権利］およびそれに準じるものを含めて指すことが多い）。2：利害関係（BASIC英米法辞典）」を意味する。さらに，Carroll and Buchholtz（2003, p.69）によれば，"interest"は，特定の対象に向けた興味，積極的・選択的な心構え，選好と嗜好，高い優先順位などを含む。

　構成要件の第2は，持分（a share）である。"share"とは，「1a：分け前，割り前，取り分，1b：出し分，持ち分，割り当て，分担，負担，1c：役割，参与，関与，寄与，貢献，2【商業・証券】a：（会社などへの）出資（一口），b：（会社の）株，株式（新英和中辞典）」を意味する。また，英米法において，"share"は，「持分（＝複数のものが共同で所有する財産について各人が有する分け前や，複数のものが共同出資して作った団体における各人の持分を意味することもあるが，一般に，株式会社における株主の持分である株式を，"share"または"share of stock"という。本来，"stock"は"share"の集合概念であるが，同じ意味で用いられることが多い）（BASIC英米法辞典）」を意味する。さらに，Carroll and Buchholtz（2003, p.69）によれば，"share"は，複数の者が共同で所有する財産について各人が有する分け前であり，複数の者が共同出資して設立した団体に対する各人の割合的権利を意味する。

　構成要件の第3は，請求権（a claim）である。"claim"とは，「1：要求，請求；賠償請求，求償，クレーム，2：（当然の）権利；［権利・債務履行などの］要求［請求］権；主張しうる資格，3：（事実の）主張，断定，確言，4：請求物（新英和中辞典）」を意味する。また，英米法において，"claim"

は，「1：請求；請求権；要求；主張，2：訴訟上の請求」を意味する。また，Carroll and Buchholtz（2003, p.69）によれば，"claim"は，「権原の主張」（an assertion to a title）と，「特定事象に対する権利」（a right to something）を意味するという。「権原」とは，ある行為を正当化する法律上の原因であり，権利主張の根拠を意味する。また，「特定事象に対する権利」は，法的権利（*legal right*）と道徳的権利（*moral* right）を包摂する。法的権利は，「適正な法的手続に対する権利」と，プライバシー権と，「所有権にもとづく『法的請求権』」（*legal claim* of ownership）を包摂する。「所有権にもとづく『法的請求権』」は，「有体物の全面的かつ絶対的な支配にもとづく，法律上の要件を具備した要求」を意味する。道徳的権利は，「公正・正義・公平という判断基準にもとづく権利」である。

2. 経営者におけるステークホルダー認識の構造

(1) 「ステークホルダー分析」と「ステークホルダー総合」

Goodpaster（1991）の論文「企業倫理とステークホルダー分析」（Business Ethics and Stakeholder Analysis）は，ステークホルダーの総合的定義を基盤として，経営者におけるステークホルダー認識の構造を明らかにしている。

Goodpaster（1991）は，「ステークホルダー分析」（*stakeholder analysis*）と「ステークホルダー総合」（*stakeholder synthesis*）を区別する。「『何が，倫理的に責任ある経営者か』，『どのようにすれば，経済的使命を付与されている株式会社が，倫理に適切な関心を向けながら経営されるのか』……こうした疑問への回答は，過去20年もの間，『ステークホルダー分析』であった。『ステークホルダー分析』の段階において，倫理的に責任ある経営者は，経営決定の過程において，『株主だけではなく，すべてのステークホルダー』の存在を考慮するものとして考えられている。しかし，『すべてのステークホルダー』に関心を払うことは同時に，『すべてのステークホルダー』を無視することになる。『ステークホルダー分析』は，株主を無視するだけではな

く，倫理学的には，『すべてのステークホルダー』を無視することになる。(Goodpaster, p.53)」

Goodpaster（1991, p.56）は，「ステークホルダー分析」と「ステークホルダー総合」の内容理解に向けて，図3-3を提示している。「ステークホルダー分析」（図3-3〔（段階1〜2）参照〕）は，経営決定に道徳的価値を導入するための予備段階として想定されている。それゆえ，「ステークホルダー分析」は，「道徳中立的」（*morally neutral*）である（Goodpaster, 1991, p.56）。他方，「ステークホルダー総合」（図3-3〔（段階1〜5）参照〕）は，「ステークホルダーに向けた実践的な対応または解決」を想定している（Goodpaster, p.57）。「ステークホルダー総合」の内容は，論理的に証明可能ではあるものの，背理の可能性が高い。理由の第1として，企業には，私法人としての権利が保障されているからである。理由の第2として，経営者における経営決定の過程で，株主の存在価値と，株主以外のステークホルダーの存在価値は区別する必要があるからである。

図3-3. 経営者におけるステークホルダー認識

（段階1）	認識：複数の選択肢の内容と，各選択肢の短期的・長期的な含意に関する事実情報を収集する。
（段階2）	選択肢の短期的かつ長期的な含意の分析：分析の際には，特定の選択肢の実行によって影響を被る集団と，意思決定者の目標・目的・価値・責任等に一定の関心を払う必要がある。
（段階3）	段階2の過程で構造化された情報の総合：これは，意思決定者における優先度を基準として行われる。
（段階4）	段階3の過程で総合された情報にもとづく，複数の選択肢のなかからの選択。
（段階5）	選択された選択肢の実行：すなわち履行。履行という段階は，特定の個人または集団に対する要求・資源配分・動機付け・統制・フィードバック等を経て実現する。
（段階6）	実行の結果の検証：結果として，段階1から5で採用されてきている方法論の強化と，将来の意思決定に向けた方法論が強化・修正される。

備考：Goodpaster, K. E, "Business Ethics and Stakeholder Analysis", *Business Ethics Quarterly*, Vol.1, No.1, 1991, p.56.

(2) 「ステークホルダー総合」の構造

「ステークホルダー総合」の構造は，「戦略的ステークホルダー総合」(*strategic stakeholder synthesis*)・「多面的受託ステークホルダー総合」(*multi-fiduciary stakeholder synthesis*)・「新・ステークホルダー総合」(*new stakeholder synthesis*) という段階に整理されている。

「戦略的ステークホルダー総合」

経営決定の過程において，経営者は，企業目的（＝株主が得る利益の最適化）に影響を与える要因として，株主以外のステークホルダーの存在価値を考慮する（Goodpaster, 1991, pp.57-58）。それゆえ，ステークホルダーの存在価値は，企業目的の達成のための手段として，いわば戦略的に考慮されている。しかし，たとえ株主利益の最適化を目的としてステークホルダーの構成要素が増加したとしても，経営者における経営決定に倫理的価値を導入することにはならないと考えられている。「戦略的ステークホルダー総合」の特徴は，「倫理を無視して業務を優先する」(*yield business without ethics*) という点であり，「倫理無関心」(*non moral*) である（Goodpaster, 1991, p.60）。

「多面的受託ステークホルダー総合」

経営決定の過程において，経営者は，すべてのステークホルダーの権益を等しく考慮している（Goodpaster, 1991, p.62）。それゆえ，経営者は，たとえ特定のステークホルダーの権益がそれ以外のステークホルダーの権益と対立したとしても，すべてのステークホルダーに対して受託義務を果たすべきであると考えられている。理由は，ステークホルダーの存在価値それ自体が，経営者における経営決定の過程で重要視されているからである。「多面的受託ステークホルダー総合」の特徴は，「業務を無視して倫理を優先する」(*yield ethics without business*) という点である（Goodpaster, 1991, p.62）。

「多面的受託ステークホルダー総合」の内容に関しては，次のような限界が指摘されている（Goodpaster, 1991, p.63）。第 1 に，「多面的受託ステークホルダー総合」は，経営者と株主との間の信頼関係を欺くものである。理

由は,「多面的受託ステークホルダー総合」において,経営者にはステークホルダーを「公平」(*impartially*) に考慮することが要求されているものの,経営者と株主との間の受託関係が無視されているからである。第2に,「多面的受託ステークホルダー総合」は,「株主の権利侵害」の可能性がある (Goodpaster, 1991, p.63)。理由は,「多面的受託ステークホルダー総合」が,株主への受託責務を希釈するだけではなく,私法人としての株式会社の権利を侵害することになるからである。ここに,経営者が「多面的受託ステークホルダー総合」を支持するという発想自体が「大胆」(*problem of boldness*) であり,問題を含むと考えられている (Goodpaster, p.63)。

したがって,企業倫理を真摯に受け入れるとしても,「多面的受託ステークホルダー総合」で提唱されているように,経営決定の過程において,経営者が,株主以外のステークホルダーに対する受託責務を負うということにはならない (Goodpaster, 1991, p.65)。それゆえ,「戦略的ステークホルダー総合」の内容が「多面的受託ステークホルダー総合」の内容によって修正されることはない。いわゆる「ステークホルダーの逆説」(*stakeholder paradox*) に関して,Goodpaster (1991) は,次のような解説を付している。「『戦略的ステークホルダー総合』および『多面的受託ステークホルダー総合』のいずれに関しても,倫理的な問題が未解決のままに残されている。『戦略的ステークホルダー総合』と『多面的受託ステークホルダー総合』は互いに他方の説の否定によって成立するものの,双方共に成立するからである。(Goodpaster, pp.63-65)」このようにして考えれば,「多面的受託ステークホルダー総合」は,「戦略的ステークホルダー総合」に替わりうる考え方を提示するものではないといえよう。

「新・ステークホルダー総合」

経営決定の過程において,経営者は,一方で株主に受託責務を負い,同時に他方で株主以外のステークホルダーに対して,「道徳的に重要な『非受託』責務」(morally significant *non-fiduciary* obligations) を負う。(Goodpaster, 1991, p.67)(図3-4参照)「道徳的に重要な『非受託』責務」とは,他者

図3-4. 経営者における責務の2類型

	（受託責務）	（非受託責務）
（株主に対する責務）	●	
（株主以外のステークホルダーに対する責務）		●

備考：Goodpaster, K. E., "Business Ethics and Stakeholder Analysis", *Business Ethics Quarterly*, Vol.1, No.1, 1991, p.67.

を傷付けない義務，他者に強要しない義務，他者に嘘をつかない義務，他者を騙さない義務，他者から盗まない義務を意味する（Goodpaster, 1991, p.67）。

Goodpaster（1991, p.68）は，「ND原則」（*Nemo Dat*［= Nemo Dat quod non habet］*Principle*）を引き合いに出して，「投資家は自己が所属する共同体の倫理的期待と相矛盾する行為を経営者に期待することはない」という命題を提示している。"Nemo Dat quod non habet" とは，「人は自己の意思で倫理的に行なわないであろう行為を自分の行為として他人に依頼することはない」という意味のラテン語の格言である。Goodpaster（1991）は，ND原則の内容を参考として，次のような結論を導き出している。「『新・ステークホルダー総合』の内容は，経営者と株主との間の受託関係を尊重するという視点から見れば，『不公平』（*partial*）である。しかし，『新・ステークホルダー総合』の内容は，経営者と，株主以外のステークホルダーとの間の関係において，道徳的に重要な『非受託』関係を尊重するという視点から見れば，『公平』（*impartial*）である。（Goodpaster, pp.68-69）」「新・ステークホルダー総合」の内容は，「戦略的ステークホルダー総合」と「多面的受託ステークホルダー総合」に内在的な問題を克服するものとして捉えることができる。

3. ステークホルダー概念の諸分類法

(1) ステークホルダー概念の諸分類法の整理

ステークホルダー概念に関しては，様々な分類法が提起されてきている。

ステークホルダー概念の諸分類法は，① ステークホルダーの分析的定義にもとづく分類法と，② ステークホルダーの総合的定義にもとづく分類法に類別できる。

① ステークホルダーの分析的定義にもとづく分類法

分類法1：ステークホルダーは，「第一次ステークホルダー」（*primary stakeholders*）と，「第二次ステークホルダー」（*secondary stakeholders*）に分類することができる（Post, Lawrence, and Weber, 2002, pp.10-12）。

「第一次ステークホルダー」は，企業と相互依存関係にある集団のなかでも，企業の事業活動（＝財・サービスの生産ならびに販売）に影響を与える集団であり，従業員・株主・債権者・納入業者・顧客・小売業者などを包摂する。「第二次ステークホルダー」は，企業の事業活動によって直接的または間接的な影響を被る集団であり，行政機関・外国政府・社会活動団体・報道機関・経済団体・社会一般の人々・地域社会などを包摂する。「第二次ステークホルダー」の存在が強調されるのは，「第一次ステークホルダー」以外のステークホルダーの関心が企業の事業活動に向けられた場合であると考えられている。

分類法2：ステークホルダーは，「社会的ステークホルダー」（*social stakeholders*）と，「非社会的ステークホルダー」（*non-social stakeholders*）に分類することができる（Wheeler and Sillanpää, 1997, p.168）。前者は，企業に対して直接的な意思疎通が可能なステークホルダーである。他方，後者は，企業に対して直接的な意思疎通が困難なステークホルダーである。

「社会的ステークホルダー」は，「第一次社会的ステークホルダー」（*primary social stakeholders*）と，「第二次社会的ステークホルダー」（*secondary social stakeholders*）に分類されている。「第一次社会的ステークホルダー」は，企業とその存続に直接的な関係を有し，意思疎通が可能な個人または動作主体（entities）であり，地域社会・納入業者（＝同業者）・顧客・投資家・従業員・経営管理者などを包摂する。「第二次社会的ステークホルダー」は，企業とその存続に代表参加的（representative）な関係があり，意思疎通が可能な個人または動作主体であり，行政機関・市民社会・圧力団体・労働組

合・報道機関・有識者・業界団体・競合企業などを包摂する。「第二次社会的ステークホルダー」は，企業の存在価値が疑問視される際に強い影響力を発揮すると考えられている。

「非社会的ステークホルダー」は，「第一次非社会的ステークホルダー」(*primary non-social stakeholders*) と，「第二次非社会的ステークホルダー」(*secondary non-social stakeholders*) に分類されている。「第一次非社会的ステークホルダー」は，企業とその存続に直接的な利害関係を有し，意思疎通が困難な個人または動作主体であり，自然環境・未来世代・人類以外の生物種などを包摂する。「第二次非社会的ステークホルダー」は，企業とその存続に代表参加的な利害関係を有し，意思疎通が困難な個人または動作主体であり，環境圧力団体・動物愛護団体などを包摂する。

② ステークホルダーの総合的定義にもとづく分類法

分類法 1：ステークホルダーは，「戦略的ステークホルダー」(*strategic stakeholders*) と，「中核的ステークホルダー」(*core stakeholders*) と，「環境的ステークホルダー」(*environmental stakeholders*) に分類することができる（Carroll, 1996, p.79）（図 3 - 5 参照）。「戦略的ステークホルダー」は，組織の存続に不可欠なステークホルダーであり，組織の存続が深刻な状況に陥った場合にその支持が必要なステークホルダーである。「中核的ステークホルダー」は，「戦略的ステークホルダー」の中核に位置し，組織の存続に不可

図 3 - 5．ステークホルダーの総合的定義にもとづく分類法（その 1）

― 中核的ステークホルダー
― 戦略的ステークホルダー
― 環境的ステークホルダー

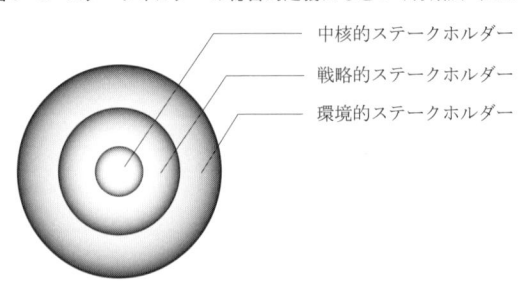

備考：Carroll, A. B., *Business and Society: Ethics and Stakeholder Management.* 3rd edition, Ohio: Southern-Western, 1996, p.79.

欠なステークホルダーである。「環境的ステークホルダー」は，組織の環境において，「中核的ステークホルダー」と「戦略的ステークホルダー」以外のステークホルダーである。

分類法2：ステークホルダーは，「第2回トロント・カンファレンス」（The Second Toronto Conference on Stakeholder Theory）において，ステークホルダーの属性（stakeholder attributes）を基準として，3類型7種類に分類されている（Mitchell, Agle, and Wood, 1997）（図3-6参照）。

- ●「潜在型のステークホルダー」（latent stakeholders）
- －「休眠型のステークホルダー」（dormant stakeholder）：パワーの行使を一時的に停止したステークホルダー（図3-6 ①）
- －「裁量型のステークホルダー」（discretionary stakeholder）：正当性の行使を自由意志に任せたステークホルダー（図表3-6 ②）
- －「要求型のステークホルダー」（demanding stakeholder）：要求の実現を緊急に求めるステークホルダー（図3-6 ③）
- ●「期待型のステークホルダー」（expectant stakeholders）
- －「支配型のステークホルダー」（dominant stakeholder）：最も影響力を有するステークホルダー（図3-6 ④）
- －「危険なステークホルダー」（dangerous stakeholder）：企業に危害または損失をもたらすステークホルダー（図3-6 ⑤）
- －「依存型のステークホルダー」（dependent stakeholder）：他者に依存するステークホルダー（図3-6 ⑥）
- ●「決定的なステークホルダー」（definitive stakeholder）
- －「決定的なステークホルダー」：最も優先的に考慮されるべきステークホルダー（図3-6 ⑦）

(2) **ステークホルダー概念の諸分類法の意義と含意**

ステークホルダー概念の諸分類法の意図は，ステークホルダー概念を種々の特徴によって分類したうえで，ステークホルダー概念を体系的に整理することにある。ステークホルダー概念の諸分類法には，分類学的な意義と，実

76　第3章　企業とステークホルダー

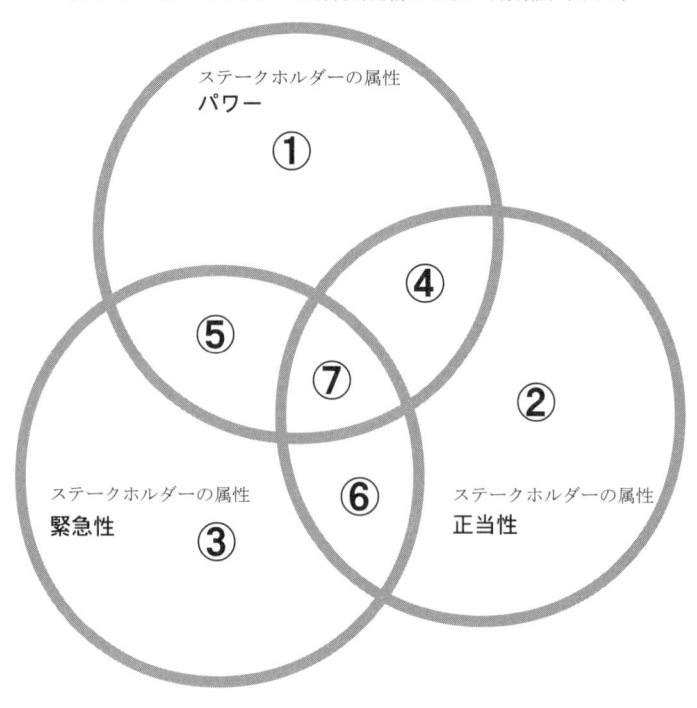

図3-6　ステークホルダーの総合的定義にもとづく分類法（その2）

ステークホルダーの属性
パワー
① ④ ⑤ ⑦ ② ⑥ ③

ステークホルダーの属性
緊急性

ステークホルダーの属性
正当性

備考：Mitchell, R. K., Agle, B.R., and Wood, D.J.,"Toward a Theory of Stakeholder Identification and Salience: Defining the Principle of Who and What Really Counts", *Academy of Management Review*, Vol.22, No.4, 1997, p.855.

践的な意義がある。

　分類学的な意義に関して，ステークホルダー概念の諸分類法は，ステークホルダー概念をそれに従属する種概念に分け，ステークホルダー概念の多様性を明確にするものである。したがって，ステークホルダー概念の諸分類法は，ステークホルダーの性格と多様性を明確にすることとなる。しかし，ステークホルダー概念の諸分類法には，次のような限界も指摘できる。第1に，ステークホルダー概念を下位概念に整理する際に利用可能な方法論に過ぎない。それゆえ，分類学的な範疇もまた変化する可能性がある。第2に，ステークホルダーは，ステークホルダー概念の諸分類法のうちに複数の範疇

に横断的に属する可能性がある。それゆえ，ステークホルダー概念の諸分類法には専断的な性格が認められる。

次に，実践的な意義に関して，ステークホルダー概念の諸分類法は，経営管理者におけるステークホルダー認識の段階的な把握を可能とするものである。たとえば，Mitchell, Agle, and Wood（1997）によって提起されたモデルの実証を試みた Agle, Mitchell, and Sonnenfeld（1999）の研究は，CEO（Chief Executive Officer；最高経営責任者）におけるステークホルダー認識の段階的把握を目的とするものである。しかし，企業とステークホルダーとの間の関係は動態的である。それゆえ，ステークホルダーの構成要素もまた固定的ではなく，永劫に有効でもない。また，ステークホルダーの構成要素が瞬時に変化する可能性も高い。このようにして考えれば，ステークホルダー概念の諸分類法は，経営管理者におけるステークホルダー認識の重要性を順序立てる際に利用可能な補助的手段に過ぎないといえよう。

4. 小 括

ステークホルダーの分析的定義と総合的定義は，ステークホルダー認識における分析と総合を区別している。ステークホルダーの分析的定義は，ステークホルダーの存在を現象的かつ個別的に規定するものである。それゆえ，企業とステークホルダーとの間の関係は，「ステークホルダーの分布図」として記述的に示すこともできる。他方，ステークホルダーの総合的定義は，ステークホルダーの存在を本質的かつ集合的に規定するものである。ステークホルダーの総合的定義は，ステークホルダーの分析的定義を包括するものとして考えることができる。なお，ステークホルダーの分析的定義と総合的定義を厳密に区別するならば，前者に「個別ステークホルダー」を充て，後者に「ステークホルダー一般」を充てることもできる。

ステークホルダーの総合的定義を基盤として，Goodpaster（1991）は，経営者におけるステークホルダー認識の構造を明らかにしている。第1段階として，Goodpaster（1991）は，「ステークホルダー分析」と「ステークホル

ダー総合」を区別する。第2段階として，「ステークホルダー総合」の内容は，①「戦略的ステークホルダー総合」，②「多面的受託ステークホルダー総合」，③「新・ステークホルダー総合」に整理されている。「戦略的ステークホルダー総合」の意味内容は，倫理を無視して業務を優先するものであり，倫理無関心である。「多面的受託ステークホルダー総合」の意味内容は，業務を無視して倫理を優先するものであり，「公平」性に関する問題と，「株主の権利侵害」に関する問題が指摘されている。「新・ステークホルダー総合」の意味内容は，一方では経営者と株主との間における受託関係を重視し，同時に他方では経営者とステークホルダーとの間における「道徳的に重要な『非受託』」関係を重視する。

　ステークホルダー概念の諸分類法には，①ステークホルダーの分析的定義にもとづく分類法と，②ステークホルダーの総合的定義にもとづく分類法が併存している。なお，上記の分類法以外にも様々な種類がある。いずれの分類法を採用したとしても，ステークホルダー概念の諸分類法の意図は，ステークホルダー概念の多様性を明確にすることにある。

参考文献

Agle, B. R., Mitchell, R. K., & Sonnenfeld, J. A., "Who Matters to CEOs?: An Investigation of Stakeholder Attributes and Salience, Corporate Performance, and CEO values", *Academy of Management Journal*, Vol.42, No.5, 1999, pp.507-525.

Carroll, A. B., *Business and Society: Ethics and Stakeholder Management*, 3rd edition, Ohio: Southern-Western, 1996.

Carroll, A. B., & Buchholtz, A. K., *Business and Society: Ethics and Stakeholder Management*, 5th edition, Ohio: South-Western, 2003.

Cummings, J. L., & Doh, J., "Identifying Who Matters: Mapping Key Players in Multiple Environments", *California Management Review*, Vol.42, No.2, 2000, pp. 83-104.

Donaldson, T., & Preston, L. E., "The Stakeholder Theory of the Modern Corporation: Concepts, Evidence and Implications", *Academy of Management Review*, Vol.20, No.1, 1995, pp.65-91.

Freeman, R. E., *Strategic Management: A Stakeholder Approach*, Boston: Pitman, 1984.

Goodpaster, K. E., "Business Ethics and Stakeholder Analysis", *Business Ethics Quarterly*, Vol.1, No.1, 1991, pp.53-72.

Goodpaster, K. E., "Stakeholder Paradox", Werhane, P., & Freeman, R. E. eds., *Blackwell Encyclopedia Dictionary of Business Ethics*, Massachusetts: Blackwell, 1997, pp.601-602.

Mitchell, R. K., Agle, B.R., & Wood, D.J., "Toward a Theory of Stakeholder Identification and Salience: Defining the Principle of Who and What Really Counts", *Academy of Management Review*, Vol.22, No.4, 1997, pp.853-886.

Post, J. E., Lawrence, A. T., & Weber, J., *Business and Society: Corporate Strategy, Public Policy and Ethics*, 10th edition, International: Irwin McGraw-Hill, 2001.

Post, J. E., Preston, L. E., & Sachs. S., *Redefining the Corporation: Stakeholder Management and Organizational Wealth*, California: Stanford University, 2002.

Waddock, S., *Leading Corporate Citizens: Vision, values and Value Added*, New-York: McGraw-Hill, 2002.

Wheeler, D. & Sillanpää, M., *The Stakeholder Corporation: Blueprint for Maximizing Stakeholder Value*, London: Pitman, 1997.

第4章
ステークホルダー理論と
ステークホルダー・マネジメント

1. ステークホルダー理論の構成要件

　ステークホルダー理論の構成要件は，**株式会社の再定義プロジェクト**主催の「トロント・カンファレンス――ステークホルダー理論の検証――」（Toronto Conference: Reflections on Stakeholder Theory）において提示されている。同カンファレンスの成果にもとづき，Donaldson and Preston（1995, pp.65-91）は，以下4項目のテーゼを提示している。

　テーゼ1：ステークホルダー理論には，「記述的」（*descriptive*）な要素を見ることができる。ステークホルダー理論は，企業の状態を秩序正しく記載する際に必要なモデルを提供するものである。企業は，ステークホルダーに本質的価値を認めるような，協同的かつ相対立する権益の星座上の配列（constellation）として記述されている。ステークホルダー理論における記述的な要素が正確か否かは，企業とステークホルダーとの間の関係が秩序正しく記載されているか否かという判断に依存している。表現を替えれば，ステークホルダー理論における記述的なモデルは，他のモデルと比較して，企業の状態を精緻に説明しているのであろうか。企業を外部から観察する人だけではなく，企業と直接的に関係する人も，企業を同様に記述するのであろうか。ステークホルダー理論における記述的な要素は，ステークホルダー理論における技術的な要素を構築する際に利用可能なフレームワークとなっている。以上の見方が適切ならば，ステークホルダー理論における記述的なモデルは，ステークホルダー理論の有効性を実証する際のフレームワークとして採用可能である。

テーゼ2：ステークホルダー理論には、「技術的」（*instrumental*）な要素を見ることができる。ステークホルダー理論は、ステークホルダー・マネジメントの実践と経営業績との間の因果関係を検証する際に必要なフレームワークを提供するものである。ステークホルダー理論における技術的なモデルは、ステークホルダー・マネジメントを実践した企業が、他企業と同様の条件のもとでも、伝統的な指標（例：業績、安定性、成長性）で成功を収めているか否かという事実を明らかにする。

テーゼ3：テーゼ1とテーゼ2は、ステークホルダー理論における重要な要素となっている。そして、ステークホルダー理論の基盤には、「規範的」（*normative*）な要素を見ることができる。ステークホルダー理論における規範的要素には、以下2項目の公理が設定されている。

公理（a）：ステークホルダーとして特定可能な個人または集団には、企業の事業活動における過程的要素および実質的要素に対する正当な権益が保障されている。しかしながら、企業とステークホルダーとの間の互恵的な関係は排除の対象となっている。

公理（b）：ステークホルダーとして特定可能な個人または集団に保障されている権益は不可侵である。ステークホルダーとして特定可能な個人または集団は、他者（例；株主）の権益を増幅するための手段としてではなく、常に目的として取り扱われるべきである。

テーゼ4：ステークホルダー理論は、広義の用法において「経営管理的」（*managerial*）である。ステークホルダー理論には、現在の状況を単に記述するという意図と、原因と結果の因果関係を予測するという意図を読み取ることができる。ステークホルダー理論は、理念・構造・実践を提起するだけではなく、ステークホルダー・マネジメントの確立を促進するものである。ステークホルダー・マネジメントは、組織構造と経営戦略の策定、個別事例に応じた意思決定に際して、道理に適った、すべてのステークホルダーの権益に等しく関心を向けることを要求する。以上の内容は、経営戦略の策定者だけではなく、経営戦略に影響を与えうる人など、企業に関わる人々に等しく求められている。経営者・株主・行政機関も例外ではない。ステークホル

ダー理論は，経営者主導による会社支配を要求するものではない。企業統治の主体に関しても同様である。たとえステークホルダーの権益に等しく関心が向けられたとしても，ステークホルダーの定義と，ステークホルダーの権益の相対的評価という，今までに論じられてきた問題に解決の途が示されることはない。また，すべてのステークホルダーが（たとえステークホルダーとして認識されたとしても）ありとあらゆる過程と決定に等しく関与すべきことを主張するものでもない。

2. ステークホルダー理論の論理構造

　ステークホルダー理論は，テーゼ1・テーゼ2・テーゼ3・テーゼ4における論証を経て，社会科学における理論としての条件を満たすこととなる。
　すなわち，ステークホルダー理論の論理構造は，「記述的」要素と「技術的」要素と「規範的」要素から構成され，各要素は「経営管理的」性格を兼ね備えている（Donaldson and Preston, 1995, pp.81-82）。「記述的」要素に関して，ステークホルダー理論には，企業とステークホルダー間の過去・現在・未来の関係を秩序正しく記載するという要素を見る。「技術的」要素に関して，ステークホルダー理論には，ステークホルダー・マネジメントと業績の因果関係を証明するという要素を見る。「規範的」要素に関して，ステークホルダー理論は，公理 (a) と公理 (b) を論理的帰結として導き出している。公理 (a) と (b) は，哲学者 Kant の定言命法の第2法式（＝自他の人間性を手段としてだけではなく常に目的として扱うように行為せよ）を理論的根拠としている（Evan and Freeman, 1988, p.72）。
　「規範的」要素に関して，Donaldson and Preston（1995）は，財産権に関する理論（theory of property）という観点から，次のように説明している。「財産権には人権が含まれる。財産権は，権利の乱用に対する制限を含意する。双方の見解は，他者が得る権益（すなわち，非所有者としてのステークホルダーが得る権益）を考慮している。……私的財産権の現代的解釈によれば，所有者には，無制限の権利が認められていない。それゆえ，経営者の責

任は，株主の代理人としてだけ行動するという主張もまた支持を得ることはできない。……高業績に寄与した従業員がステークホルダーとして認識されるのは，従業員個人の努力に起因する。近隣住民がステークホルダーとして認識されるのは，近隣住民が生活を続けるうえで必要な清浄な空気と生活基盤の確保に関する要求に起因する。顧客がステークホルダーとして認識されるのは，顧客の満足と安全に起因する。顧客は，商品購入の際に，満足と安全が暗黙裡に約束されていると考えている。（Donaldson and Preston, 1995, p.84）」このように，Donaldson and Preston は，所有者に無制限の権利を認めるものではない。それゆえ，所有者の権益と，所有者以外のステークホルダーの権益にも明確な区別が設定されていない。

以上の内容を総合的に考慮して，ステークホルダー理論の論理構造は，図4-1のような同心円に表すことができる。同心円は，外側から中心に向かって順に，「記述的」要素・「技術的」要素・「規範的」要素から構成され，各要素は「経営管理的」性格を兼ね備えている。「記述的」要素には，現実事象の観察という側面がある。「技術的」要素には，実証という側面がある。「技術的」とは，「あなたが，X・Y・Zという結果を導き出すためには，A・B・Cという原則または行為を選択すべきである」（Donaldson and Preston, 1995, p.72）という意味であり，「仮言的」（*hypothetical*）である。「規範的」要素には，論理的帰結の提示という側面がある。「規範的」とは，

図4-1. ステークホルダー理論の論理構造

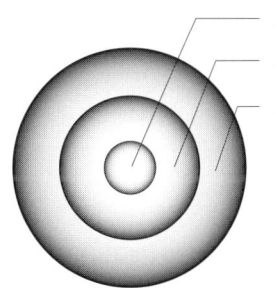

――― ステークホルダー理論における「規範的」要素
――― ステークホルダー理論における「技術的」要素
――― ステークホルダー理論における「記述的」要素

備考：Donaldson, T., and Preston, L. E., "The Stakeholder Theory of the Corporation: Concepts, Evidence and Implications", *Academy of Management Review*, Vol.20, No.1, 1995, p.74.

「A・B・Cという原則または行為を選択しなさい。理由は，A・B・Cという原則または行為の選択が正しいからである（Donaldson and Preston, p.72）」という意味であり，「定言的」（*categorical*）である。したがって，ステークホルダー理論が実証可能であり，ステークホルダー理論から何らかの論理的帰結を導き出しうるならば，ステークホルダー理論は，社会科学における理論としての構成要件を満たしているということになる。

3. ステークホルダー・マネジメントの構想

(1) ステークホルダー・マネジメントの基本原則

　ステークホルダー理論における公理は，ステークホルダー・マネジメントとして公式化されている。この場合，実践的研究としてステークホルダー・マネジメントは，理論的研究としてのステークホルダー理論を基盤として構築されている。ステークホルダー・マネジメントの指導原理に関しては，**株式会社の再定義プロジェクト**の過程で発行された文書「ステークホルダー・マネジメントの基本原則」（本書末尾参照）に提示されている（Clarkson Centre for Business Ethics, 1999, pp.1-8）。同原則の内容は，以下7項目である。

　基本原則1：経営管理者は，正当なステークホルダーの関心事を認識すべきであり，それ（＝ステークホルダーの関心事）を積極的に検討すべきであり，経営決定と実際の業務においてステークホルダーの権益を適切に考慮すべきである。

　基本原則2：経営管理者は，ステークホルダーの関心事項と貢献の程度を理解すべきであり，企業とステークホルダーとの間の関係から発生するリスクに関して，ステークホルダーの声に耳を傾けるべきであり，ステークホルダーとのコミュニケーションを進取的に図るべきである。

　基本原則3：経営管理者は，ステークホルダーの現時点の関心事と未来の時点での影響力に対して，即応的な行動過程と行動様式を採用すべきである。

　基本原則4：経営管理者は，ステークホルダーにおける努力とそれに対する報奨との間の相互依存的な関係を理解すべきであり，ステークホルダーの

リスクと損失を考慮したうえで，事業活動から発生した便益と負担をステークホルダーに対して公正に配分すべきである。

基本原則5：経営管理者は，公的機関と私的機関との協同連帯によって，企業の事業活動から生じるリスクと損失の最小化を図るための手段を講じるべきであり，たとえリスクと損失が発生したとしても，それ（＝リスクと損失）を適切に補償するための手段を講じるべきである。

基本原則6：経営管理者は，譲渡不可能な人権（例：生存権）の侵害の可能性がある活動を回避すべきであり，関係当事者の許容範囲を超えたリスクを生じうる活動を回避すべきである。

基本原則7：経営管理者は，(a) ステークホルダーとしての経営管理者の役割と，(b) すべてのステークホルダーの権益に対する法的責任と道徳的責任が潜在的には対立するということを理解すべきである。このような事実を掌握するため，経営管理者は，開放的なコミュニケーションと，適正な通報体制および通報奨励制度と，必要な場合には，第三者による評価などを利用すべきである。

(2) ステークホルダー・マネジメントのフェーズ

ステークホルダー・マネジメントの内容に関して，Preston (1999, p.53) は，「ステークホルダー指向的の経営政策」(stakeholder-oriented management policies) という表現を用いて説明している。それゆえ，ステークホルダー・マネジメントとは，継続的な過程であり，特定の時期に表面化した経営課題を解決するための対症療法的なテクニックではないと考えられている。ステークホルダー・マネジメントのフェーズは，(フェーズ1) ステークホルダーの識別，(フェーズ2) ステークホルダーの行動様式の分析，(フェーズ3) ステークホルダーに向けた戦略の立案──から構成されている。

フェーズ1：ステークホルダーの識別

現代の資本主義社会において，企業に対して固有の要求を主張しうる権利が保障された個人または集団は広範囲かつ重層的に分布している。

経営管理者は，資本主義社会の構成員としての個人または集団のなかで

も，ステークホルダーとして特定可能な個人または集団と，ステークホルダーとして特定困難な個人または集団を識別する必要がある。

　フェーズ1は，「特定のステークホルダー」と「不特定多数のステークホルダー」を識別する段階である（Carroll and Buchholtz, 2003, p.81）。なお，図4-2における社会構成員（a）または（b）のように，「特定のステークホルダー」か否か識別困難な個人または集団も現実には存在する。この場合，社会構成員（a）または（b）は，経営管理者の視点から見れば，ステークホルダーとして認識されないであろう。しかし実際には，社会構成員（a）または（b）の行動様式が，企業の行動様式に影響を与える場合もある。

　その一方で，企業に対して不当な要求の実現を主張する個人または集団は，経営管理者におけるステークホルダー認識の対象からは排除されるべきである。すなわち，ステークホルダーとして特定可能な個人または集団の存在と活動には，法令および社会通念という観点から見ても正当な状態にあるべきである。したがって，企業とテロリストの間に特殊な関係を認めうるとしても，テロリストは，ステークホルダーとして認識されるべきではない。理由は，テロリストの行動様式には，特定目的の実現に向けて暴力とその脅威に訴える傾向があるからである。また，日本国内に特殊な事実として，総会屋もステークホルダーとして認識されるべきではない。理由は，総会屋の行動様式には，株主という地位を利用して，企業にゆすりなどを行なう傾向

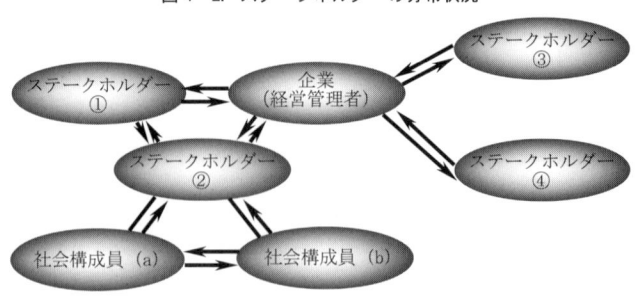

図4-2．ステークホルダーの分布状況

備考：Emshoff, J. R., *Managerial Breakthroughs Action Techniques for Strategic Change*, New-York: Amacom, 1980, p.142.

があるからである。

フェーズ2:ステークホルダーの行動様式の分析

経営管理者は,ステークホルダーを識別したうえで,ステークホルダーの行動様式を分析する(Emshoff, 1980, pp.150-155)。

ステークホルダーは,特定の目的の実現に向けて,協調的(cooperative)な態度か,敵対的(hostile)な態度か,そのいずれかを採択すると想定されている。経営管理者は,ステークホルダーの態度が現在の態度から協調的な態度に変化した場合に被るであろう利益と損失(損害)を比較検討する必要がある。と同時に,ステークホルダーの態度が現在の態度から敵対的な態度に変化した場合に被るであろう利益と損失(損害)を比較検討する必要もある。特に,企業が接触を回避してきたような性格の個人または集団との交渉が必要な場合には,経営管理者の総合的な判断力と俊敏な行動力が重要となる。

フェーズ3:ステークホルダーに向けた戦略の立案

経営管理者の行動様式には,ステークホルダーの協調的な態度を促進す

図4-3. ステークホルダーのタイプと経営管理者の行動様式

(企業とステークホルダーとの間の関係)

		敵対的である	敵対的ではない
(企業とステークホルダーとの間の関係)	協調的である	(ステークホルダーのタイプ4) 優柔不断なステークホルダー (経営管理者の行動様式) **協同連帯**	(ステークホルダーのタイプ1) 協力的なステークホルダー (経営管理者の行動様式) **取込**
	協調的ではない	(ステークホルダーのタイプ3) 非協力的なステークホルダー (経営管理者の行動様式) **防衛**	(ステークホルダーのタイプ2) 境界線上のステークホルダー (経営管理者の行動様式) **観察**

備考:Savage, G. T., Nix, T. W., Whitehead, C. J, and Blair, J. D., "Strategies for Assessing and Managing Organizational Stakeholders", *Academy of Management Executive*, Vol.5, No.2, 1991, p.65. に筆者が一部加筆。

る戦略か，ステークホルダーの敵対的な態度を阻止する戦略か，そのいずれかを採択するという傾向を見ることができる（Emshoff, 1980, pp.158-160）。そして，経営管理者は，ステークホルダーのタイプに応じた戦略を採択することとなる（図4-3参照）（Carroll and Buchholtz, 2003, p.83-86; Savage, Nix, Whitehead, and Blair, 1991）。

ステークホルダーのタイプ1：「協力的なステークホルダー」(*the supportive stakeholder*) は，「理想的なステークホルダー」として考えられている（Savage, Nix, and Blair, 1991, p.84）。経営管理者は，「協力的なステークホルダー」を，「取込」(*involve*) むべきである。理由は，経営管理者と「協力的なステークホルダー」との間の良好な関係は，企業存続の危機という状況に直面した場合に威力を発揮するからである。

ステークホルダーのタイプ2：「境界線上のステークホルダー」(*the marginal stakeholder*) は，企業に対して関心を示す場合と，関心を示さない場合がある。経営管理者は，「境界線上のステークホルダー」を「観察」(*monitor*) すべきである。理由は，対象の慎重な観察は，問題発生の未然防止に貢献するからである（Carroll and Buchholtz, 2003, p.84）。

ステークホルダーのタイプ3：経営管理者は，「非協力的なステークホルダー」(*the non-supportive stakeholder*) に対して，「防衛」(*defend*) の姿勢を取るべきである。理由は，経営管理者には，ステークホルダーの敵対的な態度を阻止する必要があるからである。

ステークホルダーのタイプ4：「優柔不断なステークホルダー」(*the mixed blessing stakeholders*) の態度は，コインの裏表にたとえられている。理由として，「優柔不断なステークホルダー」は，状況に応じて「協力的なステークホルダー」に転じる場合と，「非協力的なステークホルダー」に転じる場合がある。このような「優柔不断なステークホルダー」に対して，経営管理者は，「協働連帯」(*collaborate*) を図るべきである。

(3) ステークホルダー・マネジメントのモデル

ステークホルダー・マネジメントのモデルとして，Berman, Wicks, Kotha,

and Jones（1999）は,「戦略モデル」(strategic stakeholder management) と「規範モデル」(intrinsic stakeholder commitment) を提示している。

戦略モデル:「経営管理者の関心が特定のステークホルダーに向かう理由は, 経営管理者の関心が業績の改善に向けられているからである。……企業とステークホルダーとの間の良好な関係が,（一般的な意味で）有効な経営管理を実現しうるならば, ステークホルダー・マネジメントの確立は, 企業に価値をもたらす。……経営決定の究極的な目的は, 市場における成功である。企業は, 総収入と利潤の増大と, 株主への利益還元の増大を目的として, ステークホルダーの存在を, 管理すべき環境の一部とみなす場合がある。……ステークホルダー・マネジメントの確立は, 特定の目的を実現するための手段として考えることができる。」(Berman et al., 1999, pp.491-492)

規範モデル:「経営管理者における積極的なステークホルダー認識は, 経営管理者における規範（＝倫理）への積極的関与を示唆するものである。規範への積極的な関与は, 企業戦略を規定するだけではなく, 業績にも影響を与える。……企業とステークホルダーとの間の関係は, 経営管理者がステークホルダーに本質的な価値を認めるという視点から説明されている。……企業には, 経営決定の能率向上に寄与するような道徳原則の確立が求められる。」(Berman et al., 1999, pp.492-493)

「戦略モデル」の特徴は, ステークホルダーの存在を特定の目的達成の手段として取り扱う点である。他方,「規範モデル」の特徴は, ステークホルダーの存在を目的として取り扱う点である。なお, ステークホルダー・マネジメントのモデルに関しては, 様々なモデルが提唱されてきている (Emshoff, 1980; Evan and Freeman, 1988; Mahon and MaGowan, 1999; Mahon, 2002; Jensen, 2001; 2002)。

株式会社の再定義プロジェクト発行の「ステークホルダー・マネジメントの基本原則」には, ステークホルダー・マネジメントのモデルに関して, 次のような見解が示されている。「経営管理者がステークホルダー・アプローチを採用することによって, 企業の長期的な存続と成功に寄与するであろ

うという根拠は十分にある。経営管理者とステークホルダーとの間における積極的かつ相互支援的な関係は，組織の信頼を高め，親交とチームワークから生まれる組織の強みともいうべき『相関的富』(relational wealth) に道を開き，当事者相互の協調的な努力を促進する。その一方で，経営管理者とステークホルダーとの間における対立と疑惑の関係は，形式的な文言を増やし努力も報酬も水泡に帰することとなる。結果として，時間的遅延と費用増大を招く場合がある。さらに，経営責任者は，倫理的または社会的な責任行動に対する評価が市場と公共政策の双方で競争優位の基盤となりうることを認識するようになってきている。倫理的または社会的な責任行動の評価測定は困難である。しかし，調査結果によれば，倫理的または社会的な責任の実践と，経営業績（例：利潤率・成長性）といういわば経済的または財務的な指標との間には積極的な因果関係を認めることができる。（消極的な因果関係は認められない）。したがって，ステークホルダー・マネジメントの良心的かつ継続的な実践が，財務上の業績指標と相容れないと判断する根拠はない。(Clarkson Centre for Business Ethics, 1999. p.2)」

　上記の引用文における「相関的富」の構想は，Post, Preston, and Sachs (2002) によって，「組織富」(organizational wealth) の構想に発展する。「組織富」に関して，Preston and Donaldson (1999) は，次のように説明している。「企業とステークホルダーとの間の関係は，特定の経済的便益，とりわけ『組織富』の増大をもたらす。……ステークホルダー・マネジメントが良心（＝何が善であり悪であるかを知らせ，善を命じ，悪をしりぞける個人の道徳意識［引用者挿入］）に忠実ならば，そのすべての点で，『組織富』を増大する。……『組織富』，すなわち継続事業体の価値の総計はその大部分が，企業と公式的なステークホルダーとの間の関係と，企業と非公式的なステークホルダーとの間の関係によって増大する。『組織富』の追求は適切な努力目標であり，ステークホルダー・マネジメントを正当化するものである。(Preston and Donaldson, 1999, p.619)」「組織富」の源泉は，Post et al. (2002, p.56) によれば，価値を長期間にわたって創造しうる組織体の能力であり，①実物資産および金融資産の市場価値の総計と，②無形固定資産の価

値（例：人的資本，特許権，使用許諾権）の総計と，③企業内部または企業外部の「関係特殊資産（relational assets）」（＝取引関係における質的な要素［例：評判］）の価値の総計を含むと考えられている。

4. 小 括

　ステークホルダー理論は，「記述的」要素・「技術的」要素・「規範的」要素から構成され，各要素は「経営管理的」性格を兼ね備えている。第1に，ステークホルダー理論には，企業とステークホルダー間の過去・現在・未来の関係を提示かつ説明するという要素を見ることができる（＝ステークホルダー理論における『記述的』側面）。第2に，ステークホルダー理論には，ステークホルダー・マネジメントと経営業績との間の因果関係を実証するという要素を見ることができる。（＝ステークホルダー理論における『技術的』側面）。第3に，ステークホルダー理論には，ステークホルダー理論における公理を論理的帰結として導き出すという要素を見ることができる（＝ステークホルダー理論における『規範的』側面）。

　ステークホルダー理論の論理構造の解明の過程で導き出された公理は，ステークホルダー・マネジメントとして公式化されている。ステークホルダー・マネジメントのフェーズは，（フェーズ1）ステークホルダーの識別，（フェーズ2）ステークホルダーの行動様式の分析，（フェーズ3）ステークホルダーに向けた戦略の立案——から構成されている。ステークホルダー・マネジメントのモデルは，「戦略モデル」と「規範モデル」である。前者の特徴は，ステークホルダーの存在を特定の目的達成の手段として取り扱う点にある。後者の特徴は，ステークホルダーの存在を目的として取り扱う点にある。なお，双方のモデルは，ステークホルダーの存在を尊重するという点においては共通している。

参考文献

Berman, S. L., Wicks, A. C., Kotha, S., & Jones, T. M., "Does Stakeholder Orientation Matter?: The Relationship between Stakeholder Management models and Firm Financial Performance", *Academy*

of Management Journal, Vol.42. No.5, 1999, pp.488-506.
Carroll, A. B., & Buchholtz, A. K., *Business and Society: Ethics and Stakeholder Management*, 5th edition, Ohio: South-Western, 2003.
Clarkson Centre for Business Ethics, *Principles of Stakeholder Management*, Toronto: University of Toronto, 1999.
Donaldson, T., & Preston, L. E., "The Stakeholder Theory of the Modern Corporation: Concepts, Evidence and Implications", *Academy of Management Review*, Vol.20, No.1, 1995, pp.65-91.
Emshoff, J. R., *Managerial Breakthroughs Action Techniques for Strategic Change*, New-York: Amacom, 1980.
Evan, W. E., & Freeman, R. E., "A Stakeholder Theory of the Modern Corporation: A Kantian Capitalism", Beauchamp, T. L., & Bowie, N. E. eds., *Ethical Theory and Business*, 3rd edition, New Jersey: Prentice-Hall, 1988, pp.97-106.
Jensen, M. C., "Value Maximization, Stakeholder Theory, and the Corporate Objective Function", *Journal of Applied Corporate Finance*, Vol.14, No.3, 2001, pp. 8-21.
Jensen, M. C., "Value Maximization, Stakeholder Theory, and the Corporate Objective Function", *Business Ethics Quarterly*, Vol.12, No.2, 2002, pp.235-256.
Mahon, J. F., & MaGowan, R. A., Corporate Reputation, Crises, and Stakeholder Management. *Global Focus: An International Journal of Business, Economics, and Social Policy*, Vol.11, No.3, 1999, pp.37-52.
Mahon, J. F., "Corporate Reputation: A Research Agenda Using Strategy and Stakeholder Literature", *Business and Society*, Vol.41, No.4, 2002, pp.415-445.
Post, J. E., Preston, L. E., & Sachs, S., *Redefining the Corporation: Stakeholder Management and Organizational Wealth*, Massachusetts: Stanford University Press, 2002.
Preston, L. E., "Communication: Corporations and their Stakeholders", *Global Focus: An International Journal of Business, Economics, and Social Policy*, Vol.11, No.3, 1999, p.53.
Preston, L. E., & Donaldson, T., "Stakeholder Management and Organizational Wealth", *Academy of Management Review*, Vol.24, No.4, 1999, p.619.
Redefining the Corporation Project, "The Toronto Conference: Reflections on Stakeholder", *Business and Society*, Vol.33, No.1, 1994, pp.82-131.
Savage, G. T., Nix, T. W., Whitehead, C. J., & Blair, J. D., "Strategies for Assessing and Managing Organizational Stakeholders", *Academy of Management Executive*, Vol.5, No.2, 1991, pp.61-75.

第5章
ステークホルダー・マネジメントの現代的意義

1. ステークホルダーの行動様式の変化

　ステークホルダーの行動様式は，(1) ステークホルダー・パワーの行使，(2) ステークホルダーの行動様式の多様化，(3) ステークホルダー間の連携の強化——として現象する。

(1) ステークホルダー・パワーの行使
　ステークホルダーは，特定の理念または目的の達成を意図して，対象企業に向けてパワーを積極的に行使するようになってきている。具体的には，ステークホルダーは，対象企業に経済的・政治的・社会的なパワーを行使する（Post, Lawrence, and Weber, 2002, p.13）。パワーとは，作為または不作為により法的関係に変動を生じさせうる能力ないし地位と，法律または委任によって与えられて特別の行為をする権限を意味する。
　ステークホルダー・パワーは，原則的には，「適正な法的手続」（due process of law）に則って行使されるべきである。たとえば，特定企業の経営決定に自己の意見を反映させるために，ステークホルダーは，対象企業の株式を取得したうえで，株主総会で議決権を行使する。また，ステークホルダーは，政府の政策決定に影響力を有する利益団体を梃子にして，国内産業の保護育成に向けた産業政策の実施や通商障壁の構築を政府に要請する。さらに，近年に至っては，ステークホルダー・パワーが突発的かつ偶発的に行使されるような事態（例；キャンペーン，ボイコット，デモ行進）の発生件数も増加傾向にある。

(2) ステークホルダーの行動様式の多様化

ステークホルダーは，企業とステークホルダーとの間の関係の程度に応じて，様々な行動様式を採択する（Frooman, 1999, pp.196-201）。

図5-1によれば，ステークホルダーは，対象企業における経営決定の変更を意図して，① 経営資源の供給を制限または停止する場合（＝経営資源の保留［withholding strategies］）と，② 経営資源の供給の可否を交渉材料として利用する場合（＝経営資源の条件付措置［usage strategy］）がある。

図5-1. ステークホルダーの行動様式

	（ステークホルダーの依存度が低い場合）	（ステークホルダーの依存度が高い場合）
（企業の依存度が低い場合）	（企業とステークホルダーとの間の関係） 微弱な相互依存関係 （ステークホルダーの行動様式） 経営資源の保留 間接的な経路	（企業とステークホルダーとの間の関係） 企業・パワーの優位 （ステークホルダーの行動様式） 経営資源の条件付抑制 間接的な経路
（企業の依存度が高い場合）	（企業とステークホルダーとの間の関係） ステークホルダー・パワーの優位 （ステークホルダーの行動様式） 経営資源の保留 直接的な経路	（企業とステークホルダーとの間の関係） 強固な相互依存関係 （ステークホルダーの行動様式） 経営資源の条件付抑制 直接的な経路

備考：Frooman, J."Stakeholder Influence Strategies", *Academy of Management Review*, Vol.24, No.2, 1999, p.200.

図5-2によれば，ステークホルダーは，① 対象企業の経営資源を直接的に操作する場合（＝直接的な経路）と，② 他のステークホルダーと連携して，対象企業の経営資源を操作する場合（＝間接的な経路）がある。後者に関して，ステークホルダー間の連携は，現代の資本主義社会に特徴的な現象となっている。典型例を挙げれば，公的規制の強化または緩和を意図して，ステークホルダーが利益団体として機能する場合である。この場合，ステークホルダーの政策提言は政府の政策決定の過程で実現することもある。

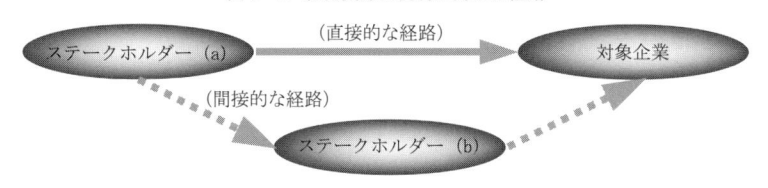

図 5-2. 経営資源の統制に向けた経路

（直接的な経路）
ステークホルダー（a）→ 対象企業
（間接的な経路）
ステークホルダー（a）⇢ ステークホルダー（b）⇢ 対象企業

(3) ステークホルダー間の連携の強化

　ステークホルダーの単独行動には限界がある。それゆえ，ステークホルダーは，他のステークホルダーとの連携を図り，関係当事者間の関係を強化する場合がある（Rowley, 1997; Post et al., 2002, pp.14-15）。なお，ステークホルダーを構成する基本的な単位は個人である。個人が規則的かつ持続的に結合することによって，集団が形成される。たとえば，不特定多数の個人が，特定の問題事象（例；個人が不快感を催す問題事象，緊急解決を要する問題事象など）の解決に向けて，特定の個人と理念または目的を共有すれば，個人のネットワークともいうべき集団が形成される。

　したがって，ステークホルダー間の連携は，① 個人と個人の連携，② 個人と集団の連携，③ 集団と集団の連携として現象することとなる。第1に，個人は，特定の理念または目的の達成を意図して，特定の個人と協同連帯を図る。個人と個人の協同連帯は，ステークホルダー間の連携の最も基本的な構図である。第2に，個人は，特定の理念または目的の達成を意図して，特定の集団との協同連帯を図る。第3に，集団は，特定の理念または目的の達成を意図して，特定の集団と協同連帯を図る。

　個人と個人の連携に関して，特定の理念または目的を共有する個人が，所定の審査と手続を経て，ステークホルダーとしての地位と資格を獲得する場合がある。このような性格のステークホルダーは，「ステークホルダー・グループ」（*stakeholder groups*）と呼ばれている。なお，「ステークホルダー・グループ」という表現は，特定の目的を実現するために組織された団体（例；環境保護団体，先住民族の権利擁護団体など）を指して限定的に使用される

場合もある (Rowley and Moldoveanu, 2003)。

　後者の性格の団体に関して、特に1990年代以降のアメリカを主軸として、NGOには、企業に対する「カウンターベイリング・パワー」として機能することと、「企業の監視役」(*business watchdogs*) としての役割を担うことが期待されている (Debora and Mure, 2003 ; Walker and Marr, 2001)。さらに近年の傾向として、特定の地域におけるNGOによって掲げられた理念または目的が、WWWを通じて、全世界に点在する個人などの支持および支援を獲得する場合もある。このようにして、NGOによって組織されたキャンペーンは地理的拡大の様相を呈している。

2. ステークホルダー・マネジメントの確立の条件

　ステークホルダーの行動様式の変化は、(1) ステークホルダーの権益の尊重に関わる社会的合意の形成と、(2) ステークホルダーの存在と活動に対する法的・社会的合意の形成を促進してきている。こうした資本主義社会の実態は、ステークホルダー・マネジメントの確立の条件となっている。

(1) ステークホルダーの権益の尊重に関わる社会的合意の形成

　ステークホルダーの行動様式の変化は、ステークホルダーの権益の尊重に関わる社会的合意を形成する場合がある。権益は、「権利とそれに伴う利益」を意味する。権利は、一定の利益を請求し、主張し、享受できる法律上の正当に認められた力であり、法の下に認められ、法の下に制限されている。そして、権利を取得した人は、相手方に対して作為（＝積極的な行為・動作・挙動）または不作為（＝積極的な行為・動作・挙動をしないこと）を求め、相手方はこれらに対応する義務を負う。それゆえ、ステークホルダーが企業に対して作為または不作為を求めた場合、企業はこれに対応する義務を負う。

　典型的な例を示すとすれば、株主には、持株数に応じた権利が、株主権として法的に保障されている。それゆえ、株主は、株主権を行使することに

よって，特定の利益を得ることができる。また，従業員には，勤労権（＝労働権）ならびに労働三権（例；団結権，団体交渉権，団体行動権）が法的に保障されている。従業員は，人たるに値する生活を営むために必要な労働条件（例；職場安全，健康）を確保することによって，一定の利益を得ることができる。そして，従業員が業務上災害を被れば，災害補償などにより，不利益の補償が受けられる。

　しかしながら，株主・従業員などの権益は，たとえば環境保護団体・動物愛護団体・人権擁護団体などの権益とは性格を異にする。理由は，後者のような性格の団体は，株主・従業員などの利益とは異なる利益の実現を目指して結成されているからである。すなわち，このような団体は，たとえば自然環境の代弁者であり，動物の代弁者であり，人権侵犯の対象となっている個人の代弁者である。換言すれば，環境保護団体は，汚染されていない空気，清浄な水，汚染物質のない環境などを生物が享受する権利を主張する（Stewart, 1996, p.118；訳書，p.97）。動物愛護団体は，動物の庇護を主張する。人権擁護団体は，人が生まれながらにして有する権利（＝天賦人権）を主張する。そして，環境保護団体・動物愛護団体・人権擁護団体などは，環境保護・動物愛護・人権擁護という利益を得ることとなる。

(2)　**ステークホルダーの存在と活動に対する法的・社会的合意の形成**
　ステークホルダーの行動様式の変化は，ステークホルダーの存在と活動に対する法的・社会的合意を形成する場合がある。
　第1に，ステークホルダーの存在と活動には，法的な合意が形成されている。法的とは，法律上の要件を備えた状態を指している。ステークホルダーの地位保全に向けた法律上の要件は，① ステークホルダーによって構成された団体の結成に関する保障，② ステークホルダーによって構成された団体への法人格（＝権利能力）の付与，③ ステークホルダーによって構成された団体の活動支援に向けた諸条件の整備などである。それゆえ，ステークホルダーが団体としての法人格を取得すれば，法人としてのステークホルダーには，自然人と同様に，法律行為だけではなく活動の自由も同時に保障

されることとなる。なお近年に至っては，法人としてのステークホルダーの活動の自由の保障を目的として，人的・経済的・社会的な活動に関する支援の実現に向けた法律も整備されている。第2に，ステークホルダーの存在と活動には，社会的な合意が形成されている。社会的とは，社会通念に照らして認められる状態を指している。

　ステークホルダーの存在と活動は，法または社会通念に照らして正当であると認められる状態にあるべきである。法は，社会秩序維持のための規範であり，国家権力による強制を伴う。社会通念は，社会一般の人々に広く受け容れられている常識または見解であり，国家権力による強制を伴わない。社会通念が得られたか否かを判断する際の基準を示すならば，次のとおりである。すなわち，ステークホルダーの活動が世論を喚起した場合に，ステークホルダーの存在と活動は社会的な支持を得たとみなすことができる。しかし当然ながら，ステークホルダーの活動が世論を喚起しなければ，ステークホルダーの存在と活動に疑問が付される場合もある。

3. 経営管理者とステークホルダー・マネジメント

(1) 経営者の役割と「三本足の椅子」

　ステークホルダーの構成要素は，企業ごとに異なり，業種・業態・地理的条件（例；国家，地域）という空間軸で異なり，過去・現在・未来という時間軸に応じて変化する。ステークホルダーの構成の変遷の経過は，IBM（International Business Machines Corporation）の歴代会長の発言の内容から読み取ることもできる。

　「1950年代，IBM会長Watsonは，経営者の役割について，従業員と顧客と株主によって構成された『三本足の椅子』(*three legged stool*)の均衡を保つことにたとえていた。彼は，講演の際に，従業員・顧客・株主の均衡ある状態を強調するために，順番を定期的に入れ替えていた。……IBM関連の著作のなかで，若きWatsonは，IBMと相互に影響し合うステークホルダーとして，従業員・顧客・株主以外のステークホルダー（例；地域社会，文化・

芸術振興関連団体，大学，国外政府）の存在を強調した。…Akers は，1993年，IBM の最高経営責任者の地位を追われた。Akers が，株主ならびに債権者という極めて重要なステークホルダーの期待を実現することができなかったからである。換言すれば，Akers は，複数の脚から成る椅子の均衡を保つことができなかったのである。Akers は，投資家の権限行使によって，最高経営責任者の職を追われることとなる。……Gerstner は，IBM がすべてのステークホルダーと相互に影響し合っているという見解を強調している。1990年代後半，Gerstner は，IBM の運命を劇的に転換させるための舵取りを先導した。結果として，IBM のステークホルダー（例；投資家，従業員，顧客，地域社会，IBM の寄付講座が設けられた教育機関）が恩恵に浴することとなった。(Post et al., 2002, p.9)[1]」

歴代の IBM 会長の発言は，企業のステークホルダーが時代に応じて変化してきているという理解を裏付けるものである。すなわち Watson が，1950年代に，「三本脚の椅子」という着想を披露して以来，IBM 会長の交代とともに，「三本脚の椅子」の脚の本数と内容もまた変化してきていると考えることができる。「三本脚の椅子」の脚とは，英語表記 "stake" である。"stake" には，「椅子の脚」，「三脚台」，「三脚器」という意味がある。それゆえ，「三本脚の椅子」という表現には，橋脚が高く極めて不安定な「止り木（＝バーなどで，カウンターの前に置く脚の高い腰掛）」を含意する。このように，歴代の IBM 会長は，経営者の地位が極めて不安定な腰掛の上に成り立っているという事実を理解していたといえよう。

(2) 経営管理者とステークホルダーとの間の交渉

経営管理者は，ステークホルダーとの交渉の実現に向けて，次のような現実に目を向ける必要がある。

- ステークホルダーの要求は長期間にわたって継続する。
- 経営管理者とステークホルダーとの間の交渉が妥協点に至るまでは相当

---

[1] IBM 公開の資料には，本書で引用した内容の記述を見付けることはできない。本書の引用文は，Post et al. (2002) の記載に全面的に依拠するものである。

程度の時間を要する。
● 経営管理者は，正しい経営決定の内容と形成過程を明確にする義務を負う。

こうした現実を踏まえ，経営管理者は，ステークホルダーとの交渉に臨むこととなる。しかし，経営管理者とステークホルダーとの間の交渉の内容は，経営管理の範疇（＝全般的管理，部門管理，現場管理）に応じて異なる。具体的には，経営者とステークホルダーとの間の交渉の内容は全社的な性格をおびる。しかし，部門管理者とステークホルダーとの間の交渉の内容は担当部門に限定され，現場管理者とステークホルダーとの間の交渉の内容は担当現場に限定される。

経営管理者とステークホルダーとの間の交渉は，経営管理者の行動様式とステークホルダーの行動様式の相克の調整を目的としている。経営管理者とステークホルダーとの間の交渉の実現に向けた条件は，① 予備調査の実施，② 問題状況の分析，③ 経営管理者とステークホルダーの双方に有利な結果を導き出すための交渉，④ 経営管理者とステークホルダーとの間のコミュニケーションの確立，⑤ 交渉の過程で想定可能な不確実性の除去（＝交渉担当者の養成），⑥ 問題状況の解決に向けた基本方針の確立である（Charan and Freeman, 1979, p.10）。

経営管理者とステークホルダーとの間の交渉は，SMC（Stakeholder Management Capability）の第3レベルに相当する（Carroll and Buchholtz, 2003, p.87）。SMCの第1は，「解析レベル」（*the rational level*）である。「解析レベル」とは，経営管理者におけるステークホルダーの識別の段階であり，「ステークホルダーの分布図」の作成に向けた最初の段階である。SMCの第2は，「プロセスレベル」（*the process level*）である。「プロセスレベル」とは，ステークホルダーに関する情報収集の段階であり，経営管理者の経営決定にステークホルダーの要求を組み込む段階である。SMCの第3は，「取引レベル」（*the transactional level*）である。「取引レベル」とは，ステークホルダーとの交渉の段階である。この場合，経営管理者とステークホルダーとの間の交渉の実現に向けた条件としては，① 法的・社会的な条件を満たしたコ

ミュニケーション，②直接的・即応的・事前予測的・双方向的・誠実な・高頻度のコミュニケーション，③ステークホルダーの要求の実現に向けたコミュニケーションなどを提示することができる。

(3) ステークホルダー間の利害調整の諸基準

経営管理者とステークホルダーとの間の交渉の段階において，経営管理者には，ステークホルダー間の利害調整の基準を確定したうえで，適時的確な経営決定が求められている。ステークホルダー間の利害調整の基準としては，非公的規範と公的規範を想定することができる[2]。

非公的規範：① 企業行動基準（例；行動綱領 [code of conduct]，倫理綱領 [code of ethics]）は，個別企業における行動と判断の基準を規定した文書であり，企業の構成員の行動と判断が準拠すべき価値理念・精神・信念・行動基準などが明記されている。② 自主規制は，個別企業が所属する業界団体の行動基準である。自主規制の適用範囲は，特定の業界団体に限定される。このような非公的規範には，次のような特徴を指摘できる。第1に，個別企業の相対的価値と，特定の業界団体の相対的価値が重要視されている。また，時代または社会の変化に柔軟に対応できる。第2に，個別企業の構成員による遵守と，特定の業界団体の会員企業による遵守が期待されている。第3に，公的制裁および罰則規定が排除されている。

公的規範：① 法律は，社会生活の秩序を維持するために，統治者や国家が定めて国民に強制する規範である。具体的には，法律は，国民の付託を受けた立法者によって，法の定める手続きに従って国会議決を経て立法され，全国民に強制される。② 命令（例；政令，総理府令，省令）は，国の行政機関によって制定される法の形式であり，法律を実施するため，または法律の委任によって制定されている。政令は，政府が出す命令であり，政治上の命令であり，内閣が制定する命令である。政令には，憲法および法律の実施

---

[2] 専門職業人（profession）の行動と判断が依拠すべき基準の内容に関しては，次の文献を参考とした。（近藤喜代太郎「医学・医療の法と範囲」，近藤喜代太郎『健康科学―医と社会の接点を求めて―』放送大学教育振興会，2002年，237-250頁。）

に必要な細則を定めるものと，法律の委任にもとづくものがある。総理府令は，総理府所管の行政事務に関して，内閣総理大臣が発した命令である。省令は，個々の法律ごとに施行の責任と権限をもつ主務官庁が定める命令であり，法律を実施するために必要となる基準規程である。有効期限を定めずに制定されることもあるが，短期的に生ずる事態に対して有効期間を限って制定されることもある。③ 規則は，行政機関が，所管事務について，法令（＝法律及び命令）にもとづいて制定する。国会以外の諸機関によって制定される法の一種であり，法律および命令と並ぶ実定法の形式である。④ 条例は，地方公共団体（例；都道府県，市町村）が，法令の範囲で，所管事務について地方議会の議決を経て定めた法規である。⑤ 判決は，具体的事件について，裁判所ならびに裁判官が公権にもとづいて下す判断である。判決は，法律の適用によって，原告ならびに被告間の権利義務と法律関係を確定する。このような公的規範には，次のような特徴を指摘できる。第1に，企業の事業活動を法的に制約する際に有効である。第2に，企業の事業活動に関わる正当性を第三者に向けて法的に説明する際に有効である。第3に，違背行為に対しては罰則規定がある。しかしながら，公的規範は，関係当事国の主権が及ばない国家には適用されない（Boatright, 2000, p.2）。

(4) 企業活動のグローバル化と「超規範」

国家という領域を超えた普遍的な規範として，Donaldson and Dunfee (1999) は，「超規範」を提唱している。「（当面の経営課題に関わる［引用者挿入］）社会政治的共同体は，文化的選好と経済的目標の実現に向けて，誰がステークホルダーとして重要視されるべきかを特定し，正当なステークホルダーの責務を限定するために必要な倫理規範を編み出してきている。……グローバル組織が人類に直接的な危害を加えないようにするためには，『超規範』を遵守すべきである。グローバル組織には，従業員・消費者・第三者が道理的に回避可能な身体的危険にさらされないことを保障するための，グローバルな企業行動基準の確立が求められている。（Donaldson and Dunfee, 1999, p.246）」

企業活動のグローバル化が進展した現在の状況にあって,「超規範」は,経営管理者がステークホルダーの優先順序の決定とその根拠を提示する際に有効な基準である。理由は,「超規範」の内容が,企業活動のグローバル化の過程で発生するような性格の問題に解決の指針を与えるからである。しかし,「超規範」には,いわゆる規範法則に共通の限界もある。政治学者猪木武徳(2000, p.20)によれば,規範法則の導入は,不道徳を消し去るために厳しい監視制度と刑罰の導入を招くこととなるだけではなく,社会全体を萎縮させるという事態を招く危険性を含むと考えられるからである。

4. 小 括

本章は,現代の資本主義社会におけるステークホルダーの行動様式の変化を提示したうえで,ステークホルダー・マネジメントの確立の条件を提示した。

ステークホルダーの行動様式の変化は,(1)ステークホルダー・パワーの行使,(2)ステークホルダーの行動様式の多様化,(3)ステークホルダー間の連携の強化――として現象する。そして,本章は,ステークホルダー・マネジメントの確立の条件として,(1)ステークホルダーの権益の尊重に関わる社会的合意の形成と,(2)ステークホルダーの存在と活動に対する法的・社会的合意の形成を提示した。

企業の行動様式はそれに変化を求めるステークホルダーの行動様式の変化の様態によって規定されるようになってきている。そして,動態的な経営環境の変化のなかで,経営管理者には,ステークホルダー・マネジメントの確立に向けて,ステークホルダーとの交渉が期待されている。

経営管理者とステークホルダーとの間の交渉の内容は,経営管理の範疇(＝全般的管理,部門管理,現場管理)に応じて異なる。なお,経営管理者とステークホルダーとの間の交渉の実現に向けた条件は,① 法的・社会的な条件を満たしたコミュニケーション,② 直接的・即応的・事前予測的・双方向的・誠実な・高頻度のコミュニケーション,③ ステークホルダーの

要求の実現に向けたコミュニケーションである。そして,経営管理者には,ステークホルダー間の利害調整の基準を確定したうえで,適時適切な経営決定が求められる。

　ステークホルダー・マネジメントの構想は,社会全体の善の実現に向けた指針として捉えることもできる。しかしながら,このような捉え方には問題点があるのもまた事実である。問題点の第1として,ステークホルダー・マネジメントの構想は,私法人としての企業の権利侵害の可能性がある。理由は,企業には,私法人としての権利が法的に保障されているからである。問題点の第2として,社会構成員の各人皆が皆ステークホルダーとして認識されるという可能性も否定できない。また,社会構成員の各人によって積み重ねられる善が果たして社会全体の善たりうるか否かに関しては更なる議論が必要であろう。問題点の第3として,ステークホルダー・マネジメントの構想は社会全体の善の実現を指向しているものの,しかし実際には,特定のステークホルダーに利害得失を強要する場合がある。特定のステークホルダーが損害または損失を被るのであれば,社会全体の善の実現という構想それ自体にも限界があるといえよう。

参考文献
（英語文献）

Boatright, J. R., "Globalization and the Ethics of Business", *Business Ethics Quarterly*, Vol.10, No.1, 2000, pp.1-6.

Carroll, A. B., & Buchholtz, A. K., *Business and Society: Ethics and Stakeholder Management*, 5th edition, Ohio: South-Western, 2003.

Charan, R., & Freeman, R. E., "Stakeholder Negotiations: Building Bridges with Corporate Constituents", *Management Review*, Vol.68, No.11, 1979, pp.8-13.

Debora, L.S., & Mure, L. T., "The Power of Activism: Assessing the Impact of NGOs on Global Business", *California Management Review*, Vol.45, No.3, 2003, pp.78-101.

Donaldson, T., & Dunfee, T. W., *Ties that Bind: A Social Contracts Approach to Business Ethics*, Boston: Harvard Business School Press, 1999.

Frooman, J., "Stakeholder Influence Strategies", *Academy of Management Review*, Vol.24, No.2, 1999, pp.191-205.

Post, J. E., Lawrence, A. T., & Weber, J., *Business and Society: Corporate Strategy, Public Policy and Ethics*, International: Irwin McGraw-Hill, 2002.

Rowley, T. J., "Moving beyond Dynamic Ties: A Network Theory of Stakeholder Influences", *Academy of Management Review*, Vol.22, No.4, 1997, pp.887-910.

Stewart, D., *Business Ethics*, New-York: McGraw-Hill, 1996.（企業倫理研究グループ訳『企業倫理』

［代表中村瑞穂］白桃書房，2001年）.

Rowley, T. J. & Moldoveanu. M., "When will Stakeholder Groups Act?: An Interest- and Identity- Based Model of Stakeholder Group Mobilization", *Academy of Management Review*, Vol.28, No.2, 2003, pp.204-219.

Walker, S. F., & Marr, J. W., *Stakeholder Power: A Winning Plan for Building Stakeholder Commitment and Driving Corporate Growth*, Massachusetts: Perseus, 2001.

（日本語文献）

猪木武徳「正義と平等――経済倫理における知性と適正感をめぐって――」『アステイオンAΣTEI-ON 58（特集　平等と公正――4つの視点――）』TBSブリタニカ，2002年。

補論 1
戦後日本の経営学における企業と社会

1. 戦後日本の「経済民主化」と「パブリック・リレーションズ」

⑴ CCS 経営者講座と「パブリック・リレーションズ」

　第二次世界大戦の終結後，GHQ（General Headquarters；連合国最高司令官総司令部）は，戦後日本の「経済民主化」の実現と，財閥先導の経済支配の解除を意図して，財閥解体を推進した。

　GHQ の CCS（Civil Communication Section；民間通信局）は，1949 年 9 月から 8 週間にわたって，「CCS 経営者講座」を実施した（後藤，1999）。同講座は非公開であったものの，同講座の講義内容は，戦後日本の経営者教育に多大な影響を与えたという。なお近年，「CCS 経営者講座」は，日本企業における品質管理の原点として紹介されている。しかし，「CCS 経営者講座」のテキストの最初の項目（「第 1 章．方針」，「第 1 節．企業の目的」，「1. 会社の存立理由は何か」）には，次のように記されている。「企業は公共に対する責任，顧客に対する責任，ならびに社会生活への影響等を考えて運営されなければならない。そしてこれらのことこそ利益を得ることに劣らず，実に重要なことなのである。（後藤，1999，34 頁）」戦後日本の経営者教育の内容が「企業の存立理由」を軸として開始されたという事実は重要である。

　戦争終結直後の日本の商学研究者の関心は，戦前ならびに戦時下の日本における企業経営に対する反省と，GHQ 主導の「経済民主化」政策への共鳴を立脚点として，「企業経営の民主化」に向けられていた。同時代の商学研究者の社会的な使命を推し量るうえで，一橋大學産業經營研究所編『現代商

學の基本問題』の序文に記された加藤（1950）の指摘は示唆に富む。「終戦後における社会的混乱が一応おさまるとともにわが経済界の建直し，海外貿易の促進のために，商学方面の研究が頓に世間の注意を惹くようになったことは同慶に耐えないところである。けだし国民経済の基本をなすものは各種の企業であり，その健全な運営の考究なくしては到底その繁栄は期し難いからである。（加藤，1950，2頁）」加藤の指摘は，戦後日本の商学ならびに経営学が，「企業経営の民主化」の実現を出発点に据えたという事実を物語っている。

1950年代に入って，日本の経営学研究者は，アメリカ経営学の研究成果の吸収と普及に転向する[1]。特に，1940年代のアメリカで議論されていた「パブリック・リレーションズ」の構想は，日本の経営学研究者と社会一般に広く受け容れられた。日本証券投資協会の機関誌『P.R.』（1950年10月創刊）の定期刊行は，当時の日本の状況を如実に表している。（『P.R.』の継続後誌は『総合経営』［1959年3月創刊］である。）。

「パブリック・リレーションズ」の内容に関して，寺沢（1952, 274-284頁）は，「私企業が公衆の好感を得んがために良心的な努力をすること」と説明したうえで，「パブリック・リレーションズ」の要因（① 広告，② 宣伝，③ 20世紀の企業が新しく生み出した独自のもの）を提示している。そして，「パブリック・リレーションズ」の根源には，① 技術説，② 経営哲学説，③ 技術及び経営哲学説が設定されている。また，寺沢（1952, 280頁）の論文には，「パブリック・リレーションズ」の実現の過程に関して，「① 一般公衆の意見，即ち与論を分析し，② これにもとづいて計画を樹立し，③ その計画を実行すること」という段階が提示されている。このように，寺沢の論文は，パブリックの英語表記"public"の解釈と，「パブリック・リレーションズ」に関する研究を紹介しているものの，「パブリック・リレーションズ」の構想を当時の日本社会ならびに日本企業に適用するものではない。

---

[1] 大正期・戦前期の日本における「企業と社会」論に関しては，小林俊治『経営環境論の研究』のなかで極めて詳細に検討されている。

平井（1955a）の編著『経営の内部関係と外郭関係』にも，「パブリック・リレーションズ」に関する論文が複数掲載されている。同書への寄稿者は「パブリック・リレーションズ」の英語表記"Public Relations"を共通して用いているものの，"Public Relations"に充てられている邦訳は担当者ごとに異なる。具体的には，"Public Relations"には，「関係論」，「P・R・運動」，「対境関係」，「公共関係業務」という邦訳が充てられている。

平井（1955a，4頁）は，"public"を，「経営の内部および外郭に存在する，それぞれの『関係者』一般」と定義したうえで，「会社の健全な運営」を目的として，企業は市場と大衆に向けて報告する必要があると説く。同書の刊行後も，平井は，戦前ならびに戦時下の日本における企業経営に対する反省のうえに，"Public"と「会社の健全な運営」との間の関係を論証し続けている。

山城（1955，44頁）は，「利害者集団」（interest group）を，「経営自身」ならびに「経営の局外者（＝経営とは異なった利害から経営に相対する関連的立場にある集団）」と定義する。山城の研究は，「対境関係論」に発展する。

野田（1955）は，「パブリック・リレーションズ」の内容に関して，「公共関係業務」という視点から説明する。「公共関係業務」とは，「私企業が，自由企業としての企業の民主的社会組織における公共性を自ら認め，それを実現し，かつ関係者および一般大衆にそれを理解してもらうための業務（野田，1955，187頁）」である。また，野田（197-198頁）は，「公共関係の相手方」について「自分の会社の全従業員や株主，取引関係先，需用家，利害関係者などのような会社に関係を持つ者以外に，その企業の企業地点における共同社会（Community），および広く一般の国民大衆」という解釈を与え，「公共関係業務」の公開の手段として，「広告・講演・会社雑誌・会社新聞・ニュース提供・手紙・ポスター・映画」などを提示する。

『経営の内部関係と外郭関係』の各執筆者の研究成果はいずれも1940年代のアメリカ経営学の研究成果を理論的基盤としている。しかし，1950年代以降，各執筆者の研究内容は独自の理論的展開を遂げることとなる。平井

(1955b) は,「第8回国際経営社会問題会議」への派遣を経て,経営社会問題と「利害関係集団」に関する研究を発表している。「在来は,外部関係と一義的に考えられやすかった多くの利害関係集団の中には,むしろ,経営に対する実勢力を持ち,或いは主導権を握るに至っているものも出て来ている場合がある。……経営を巡る関係者の数も,はなはだしく尨大になったと共に,経営をめぐる利害関係集団も,はなはだ多くの,異種の階層を含むようになって来た。これに依って,経営社会問題というものが新たに見直されるようになって来たのである。(平井,1955b,64-66頁)」日本における1950年代は,企業と社会の関係様式の変化を予想させるような事態が徐々にではあるがしかし確実に表面化した時代であった。

(2) 「パブリック・リレーションズ」から「経営者の社会的責任」へ

日本経営学会第33回大会(1958年開催)の統一論題には,「経営者の社会的責任」が掲げられている。同大会で,藻利を含む報告者の関心は,「経営者の社会的責任」の歴史的解釈に向けられていた。同大会の報告要旨集『国民経済と企業』における,平井の指摘は示唆的である(日本経営学会,1959,318頁)。平井によれば,同大会での「経営者の社会的責任」に関する報告の内容は,経営者の社会的責任の対象が,国家社会に対する責任に限定されていたという。平井は,戦前ならびに戦時下の日本における企業経営に回帰的な報告内容に疑問を投げ掛け,①株主に対する経営者責任が重要であるという見解と,②「経営者の社会的責任」の対象が経営社会に向けられるべきであるという見解を強調している。平井の懸念は,GHQ主導による対日占領政策の転換に対する懸念として捉えることもできる。

同大会を契機として,「パブリック・リレーションズ」に関する研究は鳴りをひそめ,代わりに,「経営者の社会的責任」論が表舞台に立つこととなる。

戦争終結直後の日本において,CCS経営者講座の内容は,日本の経済界だけではなく商学・経営学研究者の関心を広範囲に網羅するものであった。同時期の商学・経営学研究者は,戦前ならびに戦時下の日本における企業

経営に対する反省と，GHQ主導の「経済民主化」政策の意図を汲み取り，1940年代のアメリカ経営学で生成された「パブリック・リレーションズ」の吸収と普及に努めていた。しかし，同時代における研究の内容は，「パブリック・リレーションズ」の解説に終始するものであり，日本企業における「パブリック・リレーションズ」の実態に言及するものではなかった。

「パブリック・リレーションズ」の構想は，1960年代以降，PA（public acceptance）・広報・マーケティングなどの領域で限定的に採用されることはあっても，経営学の領域で採用されることはほとんどなかった。また，アメリカでは，第37代大統領（1969〜1974）Nixon（1913〜1994）が，1972年のアメリカ大統領選の民主党本部盗聴に関わるウォーターゲート事件の弁明に際して，"Let's PR it"という発言を繰り返した結果として，"Public Relations"の意味は歪曲され，「パブリック・リレーションズ」という表現はアメリカでも次第に敬遠されるようになったといわれている。そして次第に，「パブリック・リレーションズ」の構想は，PA・広報・マーケティングでも採用されなくなったのである。

2. 日本経済の「高度成長」と「企業の社会的責任」

(1) 日本国内における社会問題の顕在化とセチの状況分析

1970年代，日本国内における社会問題（例；公害問題［富山イタイイタイ病，熊本水俣病，四日市喘息，新潟水俣病］，食品・薬品の安全性問題［森永砒素ミルク事件，サリドマイド薬害，カネミ油症事件，スモン病薬害事件］）とその解決に向けた日本社会全体の対応は，日本の経営学研究者の関心を集めただけではなく，アメリカの経営学研究者の関心の対象でもあった。

同時代の日本に醸成されつつあった閉塞感の只中で，日本の経営学研究者は，企業と社会の関係様式の再検討を試みることとなる。1970年代前半には，『企業と社会』と題する文献または翻訳書が相次いで刊行されている（中里，井上，1969；経済団体連合会事務局，1975；今井，土屋，1975；野

田，菅家，1976；今井，1974）。時期を前後して，「経営環境論」という研究領域が日本の経営学研究者の間に普及する（米花，1970）。また，1970年代における日本経営学会全国大会の統一論題には，「公害問題と経営学の課題」（1971年），「経営と環境」（1972年），「企業の社会的責任と株式会社企業の再検討」（1974年）が掲げられるようになる。さらに，1978年に至っては，カンファレンス「企業と社会」が，東京大学産業経済研究所で開催されている（諸井，土屋，1979）。

その一方で，アメリカのカリフォルニア大学バークリー校（University of California at Berkeley）のSethi（1975）は，1970年代のアメリカで提唱されていた「企業の社会的即応性」の構想を用いて，日本における社会問題の分析を試みている。なお，「企業の社会的即応性」の構想は，ハーバードビジネススクール（Harvard Business School）のAckerman and Bauer（1976）によって提唱され，1970年代のアメリカにおける経済界ならびに経営学研究者の間で注目を集めていた。

Sethi（1975）の著書『日本企業と社会対立——アメリカ企業の即応様式との比較分析——』(*Japanese Business and Social Conflict: A Comparative Analysis of Response Patterns with American Business*）は，1970年代の日本社会の緻密な分析を基盤として，日本の未来について，次のような予測を立てている。「日本国民のなかでも，とりわけ住民権を剥奪された人々は，既存の制度——頑迷固陋かつ抑制的な制度——の範囲内での活動以外に，社会変化を望む術はない。既存の制度に代わりうる社会的な機関が存在するとしてもそれは脆弱である。企業と政府の権利濫用に対抗するために組織された市民団体（citizens groups）が日本にも設立されている。市民団体の実効力は，問題事象の規模と比較して限定的であり，アメリカにおける同様の性格の団体の成功確率と比較して限定的である。日本の市民団体の大部分は，リーダシップの欠如と，組織内部における意見衝突と，地域住民のコミットメント不足を経験している。市民団体が政治的無関心を装うのは，他の団体からの敵対行動を危惧するからであり，自分たちが築き上げた成果を無為に帰すことを危惧するからである。日本の社会構造と文化的規範の観点からみれば，

予知可能な未来において，市民団体が政治的な実効力を発揮する可能性は低い。いかなる変革であれ，日本の変革は，既存の社会組織によって達成されるであろう。日本の変革は，政府の機敏な対応に依存し，既成の権力組織に対する社会全体の意識の高揚に依存する。……日本企業の経営者は，企業行動を，損益計算書という狭い文脈だけではなく，社会的な費用と便益という広い文脈で検討すべきである。換言すれば，日本企業の経営者は，社会に対して即応的に行動すべきである。(Sethi, 1975, pp.133-134)」

Sethi（1975）の研究は，1970年代前後の日本社会が，一方では経営者団体による「企業・経営者の社会的責任」の実践を受け入れ，企業重視の政策形成と行政指導を積極的に受容しそれに依存してきているという実態と，他方では市民団体の存在と活動には関心を向けないという実態を読み込んでいる。そして，Sethi（1975）は，日本の実態に目を向けながらも，社会問題一般の解決に向けて組織された市民団体の存在意義を問い直している。ここで，Sethiの関心が市民団体に向けられた理由は，社会問題一般の解決に向けて積極的に取り組む団体が，同時代のアメリカではインタレストグループとして認知されていたからである。

Sethi（1975）ならびにAckerman and Bauer（1976）の研究が日本の経営学研究者によって日本に紹介されることはなかった。理由は，当時の日本の経営学研究者の間では，公害問題の原因を株式会社制度に求める研究が主流であったからである（中村，1973；三戸，1973；木元，1973；米花，1973）。たとえば，中村（1974）は，公害問題の原因を株式会社制度に内在的な問題として理解したうえで，次のように記している。「私的企業の行動にたいして社会的利益の立場からする何らかの制約が必要とされる場合，……その制約は利害関係者による直接的な対企業ならびに対政府運動，その圧力のもとに展開される政府および地方自治体の行政，そして独占禁止法を中心とする各種法制など，いずれにせよ経営外的な性格をもった直接的規制の形をとる以外に，有効なものとなりうる道を持たないものと考えざるをえない。(中村，1974，36頁)」中村の論文のなかで，「利害関係者」は，私的企業の行動に対する制約であり，「経営外的な性格をもった直接的規

制」の主体として理解されている。

　1980年代に入って，日本経済の「高度成長」の原因解明が日本国内外の研究者の関心を集めるようになる。同年代を代表する文献は，Peters and Waterman（1982）の著書『優秀性の探求――アメリカにおける超優良企業からの教訓――（*In Search of Excellence: Lessons from America's Best-Run Companies*）』（大前研一訳『エクセレント・カンパニー――超優良企業の条件――』講談社，1983年）であろう。

　同書が版を重ねていた時期に，Sethi, Namiki, and Swanson（1984）の著書『日本の奇跡に関する誤認識――日本の経営システムの幻影と現実――』（*The False Promise of the Japanese Miracle: Illusions and Realities of the Japanese Management System*）が発表されている。同書の表紙には，戦士なき甲冑が旭日旗の中心に地球を手中にした図柄が掲載され，アメリカ社会に醸成されつつあった日本に対する印象を彷彿させる。

　Sethi et al.（1984）の著書には，日本経済の「高度成長」の矛盾に注がれた Sethi（1975）の視点が貫かれている。「日本の成長と繁栄という奇蹟は，公衆の費用負担という犠牲と，社会全体の目標および目的の未達成という犠牲の上に達成されている。……第二次世界大戦後の産業復興の時期，日本企業の目標は，日本政府の目標と完全に一致していた。企業システム全体の目標と，他の重要事項（例；環境保護，消費者保護，労働者保護）の調和の実現に向けた試みは，産業復興・『経済成長』・国際競争力という名の下に無視された。（Sethi et al., 1984, pp.22-23）」Sethi et al. は，日本社会の構造的特質の解析と，公害問題の事実経過の詳細な観察を基盤として，日本の市民団体主導による公害問題の解決の実効性に疑問を投げ掛ける。このような Sethi et al. の視点は，アメリカにおける「日本傾倒」の時期と「日本的経営万能論」の形成期に，日本社会および日本企業の行動様式に疑問を投げ掛けたという点において重要である。

(2) 「企業・経営者の社会的責任」に関する研究の増加

　1970年代の日本において，企業と社会の関係様式が問題視されるように

なった背景には，日本経済の「高度成長」の矛盾の露呈という現象を挙げることができる。高宮（1974）の論文「現代企業と『経営の社会性』」によれば，1970年代の日本における「高度産業社会」は，一方で「ゆたかな社会」を実現したものの，他方で「経営の社会にたいする新しい在り方」を要請するようになったという。そして，高宮（1974，10頁）は，Jacoby（1973）の著書『企業のパワーと社会的責任──未来への展望──』（経団連事務局訳『自由企業と社会』産業能率短期大学出版部，1975年）を紹介したうえで，1970年代の日本における企業の存続を確保するための至上命令として，経営者主導の「経営の社会性」の実現という基本的条件を提示している。

1970年代における日本の経営学の潮流は，アメリカ経営学の研究成果の吸収と解明に向けられていた。高田（1974）は，アメリカ経営学の進捗状況に目を配し，「利害関係者ないし利害関係集団（interests groups）」に関する理論の構築を試みている。特徴の第1は，経営者の環境主体として，「利害関係者ないし利害関係集団」を理解した点である（高田，1974，7頁）。環境主体とは，「経営者が広義社会的責任を追うべき相手方（高田，6頁）」であり，「経営者がその主体性を尊重すべき相手方（高田，46頁）」である。この場合，「利害関係者ないし利害関係集団」は，経営者の社会的責任の対象として想定されている。特徴の第2は，「利害関係者ないし利害関係集団」の「利害」を，会計学における「取引（＝資産・資本の増減をもたらす活動［高田注（高田，46頁）]）」と理解した点である（高田，7頁）。特徴の第3は，「利害関係集団」（interests groups）と「利害関係者」（interests group）を区別した点である。たとえ日本語が個別概念と集合概念を比較的自由に往来する性格を備えた言語体系だとしても，"interests groups" と "interests group" の区別は重要である。特徴の第4は，環境主体の概念が客観的環境主体と主観的環境主体に区別された点である。特徴の第5は，経営者の社会的責任を「諸利害関係者との間の利害の調整」と理解した点である（高田，46頁）。なお，高田の研究は，「利害関係者」が国家・業界・企業・経営者に応じて異なるという事実も明らかにしている。しかし，高田は，経営者の社会的責任の対象を「利害関係者ないし利害関係集団」に設定しただけであ

り，利害の調整に関する指針等は取り置かれたままであった。

　高田（1974）の研究における緻密な論理展開は，日本の経営学に新たな研究領域を開拓した。しかし，若干の問題も未解決のままに残されている。特に，「利害関係者ないし利害関係集団」の概念規定は不明確である。解釈学的な色彩を帯びることは避け難いが，高田（1974）によって提示された「利害関係者ないし利害関係集団」に関する説明（＝企業の存続についてなんらかの『利害』["interests"]をもつ人間または集団［高田，46頁]）の意味内容は不明瞭である。原因の一端は，高田が，"interests"に「利害」という邦訳を当て，「利害」の意味内容に会計学の領域における「取引」という解釈を与えているからである。さらに，高田は，利害関係者の「利害関係」が，「経済的（＝『取引』的）利害関係」と「非経済的利害関係」によって規定されているという見解を示している（高田，46-47頁）。「経済的利害関係」と「非経済的利害関係」の区別は会計学における「取引」によって規定されているだけであって，双方の区別の基準は明確になっていない。

　同時期に，櫻井（1976）は，「企業の社会的責任」という視点から，「インタレスト・グループ」に関する研究を展開している。櫻井の研究の特徴は，アメリカ経営学の最先端の研究動向を考慮したうえで，「企業の社会的責任」が，企業への「インタレスト・グループ」の期待ないし要求によって規定されることを明らかにした点である。その後，櫻井（1985，170頁）は，「利害関係集団」（interest group）に関して，「企業にとっての社会を構成する主要な要素」という解釈を与えている。しかし，それ以後，櫻井の関心は，「企業と社会」論に傾倒することとなる（櫻井，1991）。

　1970年代前半，日本経営学会全国大会の統一論題には，「公害問題と経営学の課題」（1971年），「経営と環境」（1972年），「企業の社会的責任と株式会社企業の再検討」（1974年）が掲げられていた。しかし1970年代中頃を端境期として，日本の経営学における中心的課題は，上記の研究領域から次第に逸れている。1970年代後半，日本の経営学における中心的課題は，「日本的経営」の解明であった。1980年代初頭，日本企業の国際化と相俟って，経営学の中心的課題は，「企業の国際化」に転換する。また，1970年代から

1980年代にかけて，経営学研究者の中心的課題は「経営戦略」であった。こうした状況のなかで，「企業の社会的即応性」の構想が1970年代のアメリカで発表されていたという事実認識は日本の経営学研究者の間で共有されることはなかった。

　1980年代後半，谷本（1987）の著書『企業権力の社会的制御』は，アメリカにおける「(市民的)利害関係集団」（interest group）の機能に関する研究を展開している。谷本（1987）の研究の特徴の第1は，市民運動グループ，消費者組合，宗教団体，マイノリティー・グループ（例；黒人・少数民族・婦人・学生を含む），環境保護団体，プロフェッショナルによる協会などを「(市民的)利害関係集団」として認識した点である（谷本，185頁）。特徴の第2は，「(市民的)利害関係集団」の主体性を認めた点である。谷本（185頁）によれば，自由と平等の権利が保障された民主主義社会を所与の条件として，「(市民的)利害関係集団」は，民主主義社会の構成員各人の利害にもとづいて組織されているという。谷本の研究は，企業に対する社会的制御の役割を「(市民的)利害関係集団」に期待するという見解を示した点で既存の研究とは一線を画している。

(3) 『組織科学』の特集：現代企業組織と利害関係

　組織学会の機関誌『組織科学』には，1980年代後半の日本における社会的な関心の鋒先を反映して，「現代企業組織と利害関係」という特集が組まれている。同特集の執筆者には，以下のような状況認識が共有されている。

① 現代企業をめぐる利害関係は極めて錯綜した状況にある。
② 利害要求主体における利害的要求に質的な変化が生じている。
③ 利害関係の衝突の調整が求められている。

　岡本（1991）は，企業の利害関係という視点に立って，日本企業の課題の解決を試みている。「今日の企業を多少とも具体的に観察してみると，それが単純な所有者の持物ということは困難である。そこでは経営者，労働者，消費者，地域住民等，企業に対して色々な利害関係をもっている個人ないし集団が，相互に矛盾する利害的要求を投げかけている。企業は，利潤最大化

2. 日本経済の「高度成長」と「企業の社会的責任」　117

をするにしても，こういった利害的対立を何らかの形で解決して初めて，それは可能となるはずである。(岡本, 1991, 2頁)」岡本の論文は，「利害要求主体間のバーゲニング(岡本, 4頁)」を経て，利害関係調整・裁定者としての経営者の能力と資格をめぐる研究に展開する。岡本の論文の特徴は，「利害要求主体」としての個人または集団の利害的要求が相互に矛盾するという事実を指摘した点である。なお，岡本の論文には，利害要求主体としての個人または集団の利害的要求の一致に関する記述を読み取ることはできない。また，利害的要求の解決の基準も明確にはされていない。

　西山(1991)は，「利害関係構造論」の構築を試みている。西山(1991, 50頁)は，「社会の構成員たる個人または集団」相互の関係を利害関係として捉え，当事者間の関係に利害の対立と衝突が起きているという事実と，利害関係の対立の調整の必要性を強調する。「社会はさまざまな利害関係の集合体であり，その利害関係は互いに対立する。したがって，社会科学の対象はそのような利害関係の構造を明らかにすることであり，その目的は利害関係の対立を調整することである。……倫理，道徳，モラル，善などもすべてこのような利害関係に従属する価値基準として構成されなければならない。……利害関係の衝突の調整はこれまで『力関係』によって決まってきたし現在でもそうである。……デモクラシーのもとでは，利害関係の衝突は多数決によって解決されるのであり，『多数』というものもやはり『力』なのである。しかし，はたしてそれでよいのか。それを考えるのは，今後に残された問題であり，今日の社会科学の課題であろう。(西山, 1991, 56-57頁)」西山の論文の特徴は，社会の構成員たる個人または集団相互の利害関係の衝突の調整の際に，多数派の権力が罷り通る危険性を指摘した点である。利害関係の衝突の調整が多数決原理によって説明されてきている現状を考慮すれば，西山の指摘は重要である。しかしその後，西山の研究において，「利害関係構造論」の内容充実が図られることはなかった。

3. 「バブル経済」の崩壊と「企業における倫理」

(1) 企業倫理とステークホルダー

1990年代以降，経営学研究者の間でステークホルダー概念が積極的に採用されるようになる。小林（1990）は，企業倫理の視点から，1990年代における経営戦略の構築を試みている。「企業経営の問題に限っていえば，消費者の意識およびそれと対応する経営戦略策定者側の意識がともに，これまでのリアリズム志向（結局，企業は利益第一主義だ）からアイデアリズム志向（道徳的価値重視）へと変化している様相がみられる。……企業の戦略に関係する倫理的変化の局面を，消費者，投資家，従業員，およびトップ・マネジメントという主要ステイクホルダーの行動変容を通して検討する。（小林，1990，47頁）」小林の研究は，ステークホルダーの行動様式の変化を通して，経営戦略と企業倫理の統合を試みた最初期の研究である。

なお，1990年に出版された小林の著書『経営環境論』は，アメリカにおける「企業と社会」論の発展の過程と，大正期ならびに戦前期の日本における企業と社会との間の関係様式の変化を詳細に検討するものである。また，工藤（1993）の編著『企業と社会』は，日本社会における価値観の変化を受けて，21世紀における日本の企業経営の方向性を素描している。

1990年代にはまた，中村が，「日本における企業倫理の再構築」（日本経営学会第70回大会［1996年］ワークショップ）と「企業倫理の新展開」（日本経営学会第71回大会［1997年］ワークショップ）と題して，アメリカ経営学における「企業と社会」論ならびに企業倫理に関する最先端の研究状況を報告している。その後，中村（1994）は，「企業と社会」論ならびに企業倫理学における「利害関係者」概念の位置について，次のように記している。「フリーマンの『利害関係者』概念および『利害関係者』論的接近方法は，経営学における『企業と社会』論ならびに企業倫理学の双方にとって示唆に富み，両者の交渉の促進，さらには統合の可能性の探求に貢献しつつあるように見受けられる。（中村，1994，256頁）」中村の論稿は，ステーク

ホルダー研究の先駆的研究者 Freeman（1984）の研究成果を日本の経営学研究者に紹介した最初期のものである。

1990年代後半，企業とステークホルダーとの間の関係が経営学における研究対象として取り上げられるようになる。山倉（1997）は，企業倫理が，企業とステークホルダーとの間の関係構築の過程で形成されるという見解を示したうえで，次のよう記している。「企業は顔のない社会の中で存続していくわけではなく，顔のあるステイクホルダーとの相互関係のなかで存在していかなければならない。そこで企業倫理はステイクホルダーとの関わりの中で形成，実行されていく。……企業がいかなる内外のステイクホルダーの期待とニーズのなかで行動しなければならないのか，最も優先すべきステイクホルダーは誰か，ステイクホルダーとの関係をいかにつくりあげていくのかの解明が急務である。その意味で実践面からも企業倫理のステイクホルダー・アプローチが必要とされる。（山倉，1997，52-53頁）」山倉（56-57頁）は，「力のあるステイクホルダーを最も考慮する企業行動が果して正しいのかどうかについては改めて問われなければならない」という条件を付したうえで，「パワーをもつステイクホルダーとの良好な関係を構築することが必要である」という結論を導き出している。

宮坂（2000）の著書『ステイクホルダー・マネジメント──現代企業とビジネス・エシックス──』は，企業とステークホルダーとの間の関係を中心的課題として取り扱った最初の研究である。同書に先立ち，宮坂（1999, 107頁）は，ステークホルダー研究に注目が集まる理由に関して，企業の目的をカント主義的な発想のもとで再定義し，企業の目的を見直す作業の具体化の途を探るという見解を示している。宮坂（1999, 29頁）は，企業とステークホルダーとの間の関係を「トラスト（信頼：trust）」という観点から整理したうえで，「ステイクホルダー企業」について，「社会的・経済的・政治的な包括によって企業と利害関係をもつことになったステークホルダーの様々な権利と義務の相互作用のもとで成立している存在（宮坂，76頁）」と定義している。宮坂（1999：2000）の研究の特徴は，企業倫理学の立場から，企業経営の方向性を理論的に示した点である。なお，宮坂（2000）の関心はもっ

ぱら「ステイクホルダー企業」に向けられているものの，ステークホルダー研究の歴史的背景ならびに学説展開に論及するものではない。

万仲，海道（1999）の編著『利害関係の経営学——生活と企業——』は，企業をめぐる「利害関係集団」（stakeholder）の利害対立を調整する原理と方法を明示したうえで，「生活志向的経営学」を提唱している。同書の執筆者の間には，企業と「利害関係集団」との間に相互依存関係だけではなく，緊張関係も存在するという見方が共有されている。万仲（1999, 172頁）によれば，「企業をめぐる利害対立を調整し，企業を社会的公正の方向へと統制するための原理と方法」を考えることが，企業自体だけではなく，経営学にとって重要な課題であるという。それゆえ，経営学では，企業の発展の視点と生活の視点を重視することが求められるという。同書の特徴は，ドイツ経営学に軸足を据えながらも，経営学の課題がともすれば企業の発展の視点から取り組まれるという事態に警笛を鳴らし，生活の視点の重要性を指摘したという点に集約されるであろう。なお，2000年には，梅澤の著書『企業と社会——社会学からのアプローチ——』が刊行されている。同書は，「企業と社会」に関する社会学的考察に軸足を据えた最初の文献である。

(2) 企業統治とステークホルダー

1990年代後半，ステークホルダーは，企業統治の主体に位置付けられるようになってきている。当時の経営学研究者の間では，ステークホルダーの英語表記"stakeholder"が，株主の英語表記"stockholder"を強く意識して用いられたという理解が広く共有されていた。また，一般的に見れば，会社支配に関する研究の対象が株主に向けられていたのに対して，企業統治に関する研究の関心の対象は株主とステークホルダーに向けられていた。

出見世（1993）は，企業統治に関する初期の研究状況について，次のように記している。「アメリカにおいて，1970年代初頭に生じた，ペンセントラル鉄道の倒産，『キャンペーンGM』は，株主の権利を中心とする"Corporate Governance"のアプローチと『利害関係者』を中心とする"Corporate Governance"のアプローチのそれぞれの契機となっている。今

日のアメリカにおいては，主に前者の研究中心に行われているように見えるが，それは今日，後者が『社会的投資』や『企業倫理』という形において，株主，経営者の双方から取り組まれているからである。(出見世，1993，199頁)」その後，出見世 (1997) の著書『企業統治問題の経営学的研究――説明責任関係からの考察――』は，ステークホルダーを環境主体として位置付けている。

　吉森 (2001) の著書『日米欧の企業経営――企業統治と経営者――』は，企業概念と「利害関係者」の関係について，次のように記している。「企業概念の第一の意義は中心的利害関係者を明確にすることにより，最高経営責任者はいかなる利害関係者のために経営すべきかを明らかにし，それによって最高経営責任者がいかなる利害関係者に対して説明・結果責任を負うのかを明確にすることにある。これにより最高経営責任者に対して意思決定の基本的指針が与えられる。中心的利害関係者とは企業の長期的運命に直接かつ密接にかかわり，これに最も大きな影響力を行使し，したがって企業の効用配分に対する第一優先権をもつ利害関係者を意味する。本書における利害関係者とは企業内部の従業員，管理者，経営者，労働組合，企業外部の所有者としての株主，主取引銀行，主要取引先（大口得意先，代理店，下請け，供給業者）である。(吉森，2001，34頁)」吉森によれば，ステークホルダーの存在は，最高経営責任者の意思決定における基本的指針となっている。

　企業統治に関する研究の増加を契機として，ステークホルダーが経営学における研究対象として積極的に採用されるようになる。理由は，「株主主権型企業モデル」のアンチテーゼとして「ステークホルダー型企業モデル」が想定されているからであり，「企業は誰のものか」という質問に対してステークホルダー概念が回答を示していると考えられているからである。たとえば，櫻井 (2001) は，"stakeholder management" に，「ステークホルダー指向の企業経営」という邦訳を当て，「ステークホルダー指向の企業経営」と「コーポレート・ガバナンス」のあり方を検討している。

　なお近年，「ステークホルダーモデル」が数多く提唱されている。しかし，いずれも，本書の方法に従えば，ステークホルダーの分析的定義にもとづく

モデルである。他面，ステークホルダーの総合的定義にもとづくモデルの構築も試みられている（谷口，高岡，2002）。具体的には，谷口（2001）の論文は，ステークホルダー研究の再考を促すものである。また，高岡（2002）の論文は，「ステイクホルダー」の構成要件を「利害化」と捉えたうえで，「ステイクホルダーモデル」の企業観とその論理構造を明らかにするものである。以上の研究は，ステークホルダーの構造と機能に関する理論研究の突破口となっている。

4. 小　括

　本章は，①戦後日本の「経済民主化」の時期と，②日本経済の「高度成長」の時期と，③「バブル経済」の崩壊の時期に時間軸を設定して，戦後日本の経営学における企業と社会の関係様式の変化の過程を検討した。

　戦後日本の「経済民主化」の時期，日本の商学・経営学研究者は，戦前ならびに戦時下の日本における企業経営に対する反省のうえに，1940年代のアメリカで生成された「パブリック・リレーションズ」の吸収と普及に努めていた。理由は，「パブリック・リレーションズ」の構想が「企業経営の民主化」を唱える内容を含むと考えられていたからである。しかし，同時代における研究は，パブリックの英語表記"public"の解釈と，アメリカ経営学における「パブリック・リレーションズ」の内容の紹介に終始するものであり，「パブリック・リレーションズ」の構想が日本における企業経営に適用されることはほとんどなかったといえよう。

　日本経済の「高度成長」の矛盾が露呈した時期，日本の経営学研究者は，企業と社会の関係様式の再検討を試みるようになる。特に，1970年代の日本国内における社会問題とその解決に向けた日本社会全体の対応は，日本の経営学研究者だけではなくアメリカの経営学研究者の関心をも集めることとなった。Sethi（1975）ならびにSethi et al.（1984）の研究は，1970年代の日本における状況を推し量るうえで重要である。また，1970年代初頭の日本経営学会全国大会の統一論題には，同時代における経営学研究の動向が反映

されている。中村（1974）によれば，「利害関係者」は，私的企業の行動に対する制約としての役割と，経営外的な性格をもった直接的規制の主体としての役割が期待されていた。また，高田（1974）によれば，「利害関係者ないし利害関係集団」は，経営者の社会的責任の対象であった。しかし，1970年代中頃以降，日本の経営学における中心的課題は，「日本的経営」から，「企業の国際化」を経て，「経営戦略」に転換する。このような状況を反映して，「企業の社会的即応性」の構想が1970年代のアメリカで発表されていたという事実認識は日本の経営学研究者の間で共有されることはなかった。

「バブル経済」の崩壊後，日本企業の「不祥事」の露見を受けて，日本の経営学に新たな視点が確実に追加されることとなった。1990年代に入って，アメリカ経営学における「企業と社会」論ならびに企業倫理に関する研究の進捗状況が，日本の経営学研究者によって積極的に紹介されるようになる。また，1990年代後半に至っては，ステークホルダーが企業統治の主体に位置付けられるようになる。最大の要因は，企業統治に関する研究の関心の対象が株主およびステークホルダーに向けられているからである。「株主主権型企業モデル」のアンチテーゼとして「ステークホルダー型企業モデル」が設定される理由はここにある。と同時に，日本では，「企業の社会的責任」の対象としてステークホルダーが認識されるようになる。

近年，ステークホルダー概念は，日本の経済界ならびに経営学研究者の間での共通言語としての地位を獲得している。しかし，ステークホルダー概念に関する共通理解は未だ形成されていないというのが実状であろう。ステークホルダー概念の高い汎用性に由来して，日本には，「ステークホルダー概念の誤謬」とも称すべき現象が見受けられる。問題は，「企業の社会的責任」の対象として，ステークホルダーを認識する場合である。Freeman and Liedtka（1991）の論文「企業の社会的責任――批判的アプローチ――」を引き合いに出すまでもなく，ステークホルダー概念は，「企業の社会的責任」および「『企業の社会的責任』を高度化したモデル」（＝『企業の社会的即応性』，『経営社会政策過程』，『経営における社会的課題事項』，『企業の社会的業績』）の限界を超える概念として考えられてきている。また，本書の立場

から見れば，ステークホルダーとは，「企業に対する固有の要求の実現を権利として主張しうる個人または集団」である。ステークホルダー概念は，いわゆる「経済的業績」と「社会的業績」の区別を超えた場所に位置付けられるべき概念である。したがって，ステークホルダー概念は，「企業の社会的責任」の対象として限定的に採用されるべきではない。

また，解釈学的な色彩を帯びることは避け難いものの，ステークホルダーの分析的定義と総合的定義には明確な区別を設ける必要がある。ステークホルダーの分析的定義は，ステークホルダーの存在を現象的に規定するものである。それゆえ，企業とステークホルダーとの間の関係は，「ステークホルダーの分布図」に記すこともできる。しかし，ステークホルダーの分析的定義には，第3章で指摘したような限界がある。第1に，時代および状況の変化とともに，ステークホルダーの分析的定義には限界が生じている。第2に，ステークホルダーの分析的定義は，ステークホルダーとして特定可能な個人または集団に保障された諸権利を的確に反映するものではない。

その一方で，ステークホルダーの総合的定義は，ステークホルダーの属性を本質的に規定するものである。ステークホルダーの総合的定義の特徴は，ステークホルダーの存在を集合的に捉える点にある。なお，ステークホルダーの分析的定義と総合的定義に混同が生じる原因には，英語と日本語の言語体系の差異を挙げることができる。英語の言語体系は個別概念と総体概念を明確に区別するものの，日本語の言語体系は双方を明確には区別しないからである。以上の点を考慮したうえで，ステークホルダー概念の使用に際しては，ステークホルダーが，分析的に認識されているのか，総合的に認識されているのか，そのいずれかを明確にする必要がある。

参考文献
（日本語文献）
今井賢一，土屋守章編『現代日本の企業と社会』日本経済新聞社，1975年。
梅澤正『企業と社会——社会学からのアプローチ——』ミネルヴァ書房，2000年。
岡本康雄「企業の利害関係と日本企業の今日的課題」『組織科学』第24巻第3号1991年，2-17頁。
木元進一郎「公害と企業経営」（日本経営学会編『70年代の経営学の課題』千倉書房，1973年），29-46頁。

工藤秀幸『企業と社会』総合法令，1993 年。
後藤俊夫『忘れ去られた経営の原点――GHQ が教えた『経営の質』CCS 経営者講座――』生産性出版，1999 年。
小林俊治『経営環境論』成文堂，1990 年。
小林俊治「90 年代における経営戦略の展開と企業倫理」（日本経営学会編『90 年代の経営戦略』千倉書房，1990 年），46-55 頁。
櫻井克彦『現代企業の社会的責任』千倉書房，1976 年。
櫻井克彦「現代経営環境論とその動向」（日本経営学会編『現代経営学の新動向』千倉書房，1985 年），168-174 頁。
櫻井克彦『現代の企業と社会』千倉書房，1991 年。
櫻井克彦「企業経営とステークホルダー・アプローチ」『経済科学』（名古屋大学経済学研究科）第 48 巻第 4 号，2001 年，1-18 頁。
髙岡伸行「ステイクホルダーモデルの企業観とその論理構造」『経済科学』（名古屋大学経済学研究科）第 49 巻第 4 号，2002 年，99-119 頁。
髙岡伸行，谷口勇仁「ステイクホルダーモデルの脱構築」『日本経営学会誌』第 9 巻，2002 年。
髙田馨『経営者の社会的責任』千倉書房，1974 年。
髙宮晋「現代企業と『経営の社会性』」『組織科学』第 8 巻第 2 号，1974 年，4-11 頁。
谷口勇仁「ステイクホルダー理論再考」『経済学研究』（北海道大学大学院経済学研究科）第 51 巻第 1 号，2001 年，83-93 頁。
谷本寛治『企業権力の社会的制御』千倉書房，1987 年。
出見世信之「"Corporate Governance"をめぐる諸問題に関する考察」（日本経営学会編『世界の中の日本企業』千倉書房，1993 年），195-199 頁。
出見世信之『企業統治問題の経営学的研究――説明責任関係からの考察――』文眞堂，1997 年。
寺沢正雄「パブリック・リレーションズ」（日本経営学会編『経営管理の合理化』同文舘，1952 年），274-284 頁。
中村瑞穂「公害問題と株式会社制度」（日本経営学会編『70 年代の経営学の課題』千倉書房，1973 年），3-17 頁。
中村瑞穂「現代日本の株式会社」『組織科学』第 8 巻第 3 号，1974 年，27-36 頁。
中村瑞穂「企業経営と現代社会」（中村瑞穂・丸山恵也・権泰吉編『新版現代の企業経営―理論と実態―』ミネルヴァ書房，1994 年），240-263 頁。
西山忠範「利害関係構造論序説――人間生存のための戦略――」『組織科学』第 24 巻第 3 号，1991 年，50-57 頁。
日本経営学会編『国民経済と企業』森山書店，1959 年。
野田一夫，菅家茂『企業と社会』丸善，1976 年。
野田信夫「企業の公共関係業務」（平井泰太郎編著『經營の内部関係と外郭関係』國元書房，1955 年，186-200 頁。）
一橋大學産業經營研究所編『現代商學の基本問題』新紀元社，1950 年。
平井泰太郎編『經營の内部関係と外郭関係』國元書房，1955 年 a。
平井泰太郎「經營の内部関係と外郭関係」（平井泰太郎編『經營の内部関係と外郭関係』國元書房，1955 年 a，2-26 頁）
平井泰太郎『經營問題の國際的動向――第 10 回国際経営会議ならびに第 8 回国際経営社会問題会議記録および報告――』森山書店，1955 年 b。
米花稔『経営環境論』丸善，1970 年。
米花稔「公害問題と経営学の課題」（日本経営学会編『70 年代の経営学の課題』千倉書房，1973

年),47-60頁。
万仲脩一,海道ノブチカ編『利害関係の経営学——生活と企業——』税務経理協会,1999年。
三戸公「公害と経営」(日本経営学会編『70年代の経営学の課題』千倉書房,1973年),19-28頁。
宮坂純一『ビジネス倫理学の展開』晃洋書房,1999年。
宮坂純一『ステイクホルダー・マネジメント——現代企業とビジネス・エシックス——』晃洋書房,2000年。
諸井勝之助,土屋守章編『企業と社会』東京大学出版会,1979年。
山倉健嗣「企業組織をめぐる倫理・パワー・ステイクホルダーに関する一考察」『組織科学』第31巻第2号,1997年,51-59頁。
山城章「経営体と対境の理論」(平井泰太郎編著『經營の内部関係と外郭関係』國元書房,1955年,40-76頁。)
吉森賢『日米欧の企業経営——企業統治と経営者——』放送大学教育振興会,2001年。

(英語文献)
Ackerman, R., & Bauer, R., *Corporate Social Responsiveness: The Modern Dilemma*, Virginia: Reston, 1976.
Freeman, R. E., *Strategic Management: A Stakeholder Approach*, Boston: Pitman, 1984.
Freeman, R. E., & Liedtka, J., "Corporate Social Responsibility: A Critical Approach", *Business Horizons*, Vol.34, No.4, 1991, pp.92-98.
Peters, T. J., & Waterman, R. H. *In Search of Excellence: Lessons from America's Best-Run Companies*, New York: Harpercollins, 1982.(大前研一訳『エクセレント・カンパニー——超優良企業の条件——』講談社,1983年)
Sethi, S. P., *Japanese Business and Social Conflict: A Comparative Analysis of Response Patterns with American Business*, Massachusetts: Ballinger, 1975.
Sethi, S. P., Namiki, N., & Swanson, C. L., *The False Promise of the Japanese Miracle: Illusions and Realities of the Japanese Management System*, Massachusetts: Pitman, 1984.

補論 2
現代日本における企業とステークホルダー

1.「株主主権型企業モデル」の修正と「企業の社会的責任」

⑴ 現代日本における「株主主権型企業モデル」の修正の兆候

　アメリカで露呈したエンロン（Enron）・ワールドコム（WorldCom）等における事件とそれに対するアメリカ社会全体の対応は，日本における企業統治機構の再考と，社外取締役の有効性に関する疑問を日本国内に喚起しただけではなく，いわゆる「株主主権型企業モデル」の導入に一石を投じることとなった。

　現代日本における意識の変化の兆候は，新原（2003）の著書『日本の優秀企業研究——企業経営の原点——』の内容にも表れている。また，経済産業省大臣官房政策企画室発表「日本企業の経営能力に関する調査研究」の調査項目「経営者が意識するステークホルダー——優良・非優良企業の差異——」には，「株主重視の企業が優良であるという結果は得られなかった」という政策誘導的な見解が示されている（経済産業省大臣官房政策企画室, 2003）[1]。他面，学術研究界では，たとえば「株主主権」と「従業員主権」の比較検討のうえに，「経営者資本主義」の機能回復を提唱する研究が発表されている（宮本・杉原・服部・近藤・加護野・猪木・竹内, 2003）。いずれの立場と論拠を支持するか否かは別として，日本の行政機関と学術研究界の

---

[1] 同調査は，経営能力向上に役立つ経営者のキャリアパスや経験，後継者に求める資質等を調査したものである。（受託先：ブーズ・アレン・アンド・ハミルトン株式会社）。同調査は，経営者に対するアンケート調査（東証一部上場企業約1500社対象，回答企業のあった企業経営者299人）と，東証一部上場企業経営者および元経営者に対するインタビュー結果等をもとに，研究会での討議・分析を通して，とりまとめられている。

間では,「株主主権型企業モデル」の修正に関する合意が多少なりとも形成されているように見受けられる[2]。

また, EU (the Europe Union) の経済圏の拡大を反映して, 欧州における企業モデルを紹介しながら, 21世紀における日本企業が拠るべきモデルの構築が試みられてきている。日下部 (2004) は,「ステークホルダー重視の企業観」について,「株主以外の利害も考慮した上で, 企業の長期的視野での行動を旨とする (日下部, 2004, 123頁)」と解説している。日下部 (121頁) は, 日本・アメリカ・欧州における企業モデルの修正の必要性を認めたうえで,「株主主権型企業モデル」を超えたモデルとして,「競争環境の中での長期的雇用慣行を軸とする人的資本重視型のステークホルダーモデル (=市場による監視が強まるなかで従業員がステークホルダーとして企業経営に深く関与するモデル [日下部, 154頁])」の構想を提唱する。

21世紀における日本企業が拠るべきモデルの構想は依然として諸説紛紛とした状況にあるといえよう。なお, 最近著しい傾向として, 経済産業省と独立行政法人経済産業研究所所属の研究員によって様々な構想が提唱されている。いずれも既存のモデルに修正を加えているものの, 構想の域を越えるものではない。こうした国内の状況を考慮したうえで, 現時点の日本の行政機関ならびに学術研究界に共通した見方を敢えて挙げるならば, 双方においてアメリカ一辺倒の姿勢には一定の反省が促されているものの, 21世紀における日本企業が拠るべきモデルは依然として暗中模索の状態にあるというのが実状である。

(2) 現代日本における「企業の社会的責任」の現状

「株主主権型企業モデル」の限界が指摘されるようになった時期と前後して, 日本国内では,「企業犯罪」および「企業不祥事」が報道機関によって

---

[2] 生活者から見た企業観に関しては, 財団法人経済広報センターが1997年から毎年1回,「生活者の"企業観に関するアンケート"」を実施してきている。本書執筆の時点で最新のアンケート結果は, 次のウェブサイトに掲載されている。(経済広報センター『第7回生活者の企業観に関するアンケート結果報告書』, http://www.kkc.or.jp/society/survey/enq_040127.pdf, 2004年1月, 2004年6月18日アクセス。)

集中的に報じられる。そして，日本企業は，「企業の社会的責任（＝企業の社会責任，企業責任）」に関心を寄せ，「CSR 室」等の組織横断的な部署の設置を推進している。なお，「CSR 室」に関しては，既存の「環境室」・「コンプライアンス室」・「企業倫理室」等の部署と併存している場合や，当該部署の名称が「CSR 室」に塗り替わっている場合もある。また，最近著しい傾向として，「企業の社会的責任」の普及に向けた「メディア・キャンペーン」の兆候も表面化している。

日本において，「企業の社会的責任」が個別企業の関心を広範囲に集めるようになった背景には，「企業犯罪」または「企業不祥事」の発現可能性の事前的かつ組織的な吸収という意図と，21 世紀における日本企業が拠るべきモデルの構築という意図を読み取ることができる。また，「企業の社会的責任」が日本国内で議論されるようになった間接的な背景には，2003 年 6 月開催「エビアン・サミット・2003」（Sommet d'Evian 2003）で採択された宣言文「成長の促進と責任ある市場経済の増進：G8 宣言」（Pour le croissance et une economie de marche responsible declaration du G8）を挙げることもできる（Sommet d'Evian, 2003）。同宣言の内容構成は，以下のとおりである。

1. 企業統治（Gouvernement d'entreprise）
    1.1. 市場の誠実さ（Intégrité du marché）
    1.2. 市場における規律の厳正化と効果的な規制（Renforcement de la discipline des marchés et efficacité de la régulation）
    1.3. 責任と企業統治の強化（Responsabilité et amélioration du gouvernement d'entreprise）
    1.4. 透明性と正確な財務情報（Transparence accrue et qualité de l'information financière）
2. 企業の社会的責任（Responsabilité sociale des entreprises）
3. 腐敗と透明性（Corruption et transparence）

「エビアン・サミット・2003」と前後して，社団法人経済同友会は，『第 15 回企業白書『市場の進化と社会的責任経営——企業の信頼構築と持続的

な価値創造に向けて――』』(2003年3月)を発表している。また，2003年12月，経済産業省と経済産業研究所の内部に，「企業の社会的責任と新たな資金の流れに関する研究会」が設置されている(経済産業研究所，2004)。同研究会には，① 資金の流れの変換『預金からリスクマネーへ』，② 企業の社会的責任を喚起する効果，③ 社会的に必要な投資を通じた経済活性化という問題意識が共有されている(経済産業研究所，2004)。21世紀に入って，経済産業省は，「企業の社会的責任」に関わる発言力を増している。SRI(Socially Responsible Investment；社会的責任投資)の制度化を考え合わせれば，経済産業省の動向には今後も関心を払う必要がある。

特に近年，「企業の社会的責任」の定着と促進に向けた体制の基盤が整備されている。2003年10月，経済産業省・社団法人日本経済団体連合会・日本企業8社は，JSA(Japanese Standards Association；日本規格協会)を事務局として据え，「企業の社会的責任」の日本規格作成に向けた作業部会の設置を発表している[3]。同規格は，ISO(International Organization for Standardization；国際標準化機構)によって，2007年規格化予定の「『企業の社会的責任』に関する規格」への発言力の強化を意図したものであるといわれている(矢野, 2003)。なお，ISO規格の累積導入件数に関しては，欧州と日本で顕著な数値を示している(ISO, 2003)。日本の行政機関・経済団体・個別企業におけるISO偏重という姿勢の背後には，EU(Europe Union)における販売市場と資本市場の拡大という思惑を読み取ることもできる。

2. 企業活動のグローバル化とステークホルダー

21世紀の日本において「企業の社会的責任」が再燃した背景には，企業活動のグローバル化の進展とそれに伴うステークホルダーの構成要素の変化という実態を挙げることができる。特に1990年代以降，日本企業が解決すべき現実的な経営課題の根本的な解決と再発防止を図るためには，企業の経

---

[3] 日本経済新聞『企業の社会責任規格化』, 2003年10月27日付朝刊。

営管理者が，資本主義社会の構成単位としての個人または集団に保障された諸権利とそれにもとづいて主張される要求の内容を適時的確に読み解く作業が不可欠となっている。

　すなわち，企業活動のグローバル化の進展は，徐々にではあるがしかし確実に，進出先国ならびに第三当事国の構成員に権利意識を植え付けてきている。具体例を示せば，アメリカ多国籍企業のグローバル化が急速な展開を見せた時期と，進出先国における自然系の破壊ならびに児童労働等が「先住民族の権利侵害」ならびに「児童の権利侵害」としてアメリカ国内と国際社会で問題視された時期は符合する。そして 1990 年代以降，アメリカ多国籍企業における経験的事実は，日本企業の経営課題ともなっている。このような性格の経営課題を取り扱う専門的な団体として，1989 年，社団法人日本経営者団体連合会（現：社団法人日本経済団体連合会）に，社団法人海外事業活動関連協議会が設立されている。なお，同協議会は，社団法人対米投資関連協議会（1988 年設立）の後継団体である[4]。

　企業活動のグローバル化の過程において，日本企業には，(1) 進出先国のステークホルダーとの間の信頼関係と協調関係の構築と維持と，(2) 第三当事国のステークホルダーとの間の信頼関係と協調関係の構築と維持が強く期待されている。以下，前者のケースとして，「(通称) 味の素ハラール事件」の内容を概観する。また，後者のケースとして，「(通称) 三菱ボイコット」（"Mitsubishi: Don't Buy It" Campaign）の事実経過を整理する。

ケース：「味の素ハラール事件」

　企業活動のグローバル化の過程において，日本企業の行動様式は，進出先国のステークホルダーの行動様式によって規定される場合がある。本項は，「味の素ハラール事件」の事実経過を概観する。なお，伊藤（2002）による事例研究は，「味の素ハラール事件」の事実経過を極めて詳細に分析している。

---

[4] 海外事業活動関連協議会の機関誌は『ステークホルダーズ』である。（海外事業活動関連協議会『ステークホルダーズ―よき企業市民となるための情報誌―』http://www.keidanren.or.jp/CBCC/japanese/journal/stakeholders.html, 2004 年 6 月 18 日アクセス。）

インドネシア全人口（約2億人）に占めるイスラム教徒の割合は，約90％である。ハラール（hala:l）とは，イスラム法では，合法を意味する。また，ハラーム（hara:m）は，イスラム法における禁止事項であり，非合法を意味する。

2000年9月，インドネシア味の素株式会社（P.T. Ajinomoto Indonesia）製造の"AJI-NO-MOTO"が，ハラールの認証更新時のハラール委員会の査察において「ハラール不適合」との指摘を受け，インドネシア食品医薬品局より製品回収を指示された（味の素，2001）。なお，同局は，"AJI-NO-MOTO"に豚由来の物質が含まれていないという声明を発表していた。しかし，同局は，ハラール委員会の決定に従い，"AJI-NO-MOTO"の回収指示に転じたといわれている。

そして，同社の現地社員が「消費者保護法違反（虚偽表示）」の容疑で現地の警察に身柄を拘束された。事態の進行を受けて，味の素株式会社（以下，味の素と表記）は，同社の代表取締役社長兼最高経営責任者江頭邦雄の陣頭指揮のもと，インドネシア国内の"AJI-NO-MOTO"の回収を決定した。なお，インドネシア国内の複雑な政治的要因と，日本との外交関係を別にすれば，本案件の場合，インドネシアにおけるステークホルダーの行動様式は，① イスラムという宗教システムと，② イスラムを規範とするインドネシア国民の価値観と，③ イスラムによって形成された国家の政治システムなどによって規定されていたと考えることができる。

「味の素ハラール事件」の収束後，江頭邦雄は，日経産業新聞のインタビュー記事に，当時を回顧して，次のようなコメントを寄せている。「科学的には商品に豚の酵素は入っていない。しかしいくら安全だと唱えても消費者に安心感を持ってもらい，買ってもらえなければ意味はない。だから企業としての行動規範が重要になる。商品を回収し，製法も変えた。ブランドを守るには，理屈で押し切るのではなく，顧客の立場に立つ柔軟さと行動が必要だ。今，インドネシアでは事件前より味の素が売れている。[5]」インタ

---

[5] 日経産業新聞『『安全』『安心』ブランドの両輪』，2003年10月29日付。

ビュー記事の内容は，企業と，進出先国のステークホルダーとの間の信頼関係と協調関係の構築に際して，企業における行動規範の重要性と，経営者のリーダーシップの重要性を説くものである。

ケース：「三菱ボイコット」

　企業活動のグローバル化の過程において，日本企業の行動様式は，第三当事国のステークホルダーの行動様式によって規定される場合がある。本項は，「三菱ボイコット」の事実経過を紹介する。（筆者は，三菱商事株式会社［以下，三菱商事と表記］が過去に経験した案件をもとに，日本企業の経営課題の性格の変化を公平かつ客観的な立場から説明するものである[6]。なお，筆者は，本案件に関して，次の確認事項を予め提示しておきたい。第1に，三菱商事は，国内および海外約80カ国に200超の拠点を持つ総合商社である。三菱商事の連結対象会社は全世界に500社を超え，約48000名の多国籍の人材を擁している。第2に，本案件でNGOの批判の対象となったプロジェクトはいずれも三菱商事と政府の合弁企業が現地政府の許可を得て実施されている。第3に，本案件の背後には，進出先国における先住民族問題がある。特に，1990年代における人権擁護運動に関しては，第49回国連総会［1994年開催］の決議『人権教育のための国連10年』を考慮すべきであろう。第4に，本案件に特徴的な事実として，世界各地に点在していた様々な権利侵害問題がウェブを経由して問題発生地域の住民の権利意識を高揚させている。このようにして不特定多数の地域に配信されたアジアの特定地域の問題状況は，アメリカ・イギリス・日本で組織された権利啓発活動を経て，先住民族および自然動物の権利侵害としてウェブに再発信されている。）

　1980年代，三菱商事の子会社ダイヤマレーシア（Daiya Malaysia）は，マレーシア・サラワク州政府の許可を受けて，サラワク州の熱帯雨林を伐採していた。サラワク州における熱帯雨林の伐採事業には，ダイヤマレーシア以外にも10社以上の民間企業が参加していた。サラワク州における同社

---

[6] 本案件の事実経過に関して，筆者は，2004年2月9日，三菱商事にてインタビューを実施した。

の事業に関して，環境保護団体 RAN（Rainforest Action Network）と先住民族擁護団体 Survival International は，熱帯雨林の保護と，先住民族の人権擁護を争点として，「キャンペーン・サラワク（Campaign Sarawaku）」（＝サラワク州における先住民族の人権擁護運動）を組織している。「キャンペーン・サラワク」の矛先は，MEA（Mitsubishi Electric America；米国三菱電機）など，アメリカ国内の三菱系企業に向けられたといわれている（木内，1998）。

その後，1990年代に入って，三菱商事と，メキシコの鉱業振興局（Fideicomiso de Fomento Minero; FFM）の合弁企業 ESSA（Exportadora de Sal, S.A. de CV［出資比率：三菱商事49％，FFM51％］）は，メキシコ政府の認可を得て，世界最大規模の塩田事業計画「サンイグナシオ湾製塩事業計画（＝通称：メキシコ新塩田プロジェクト）」を進めていた。なお，ESSA は，1954年からメキシコのゲレロネグロで塩田事業を営んできている。それゆえ，「メキシコ新塩田プロジェクト」は，ゲレロネグロの施設拡張計画という側面と，新規塩田開発という側面を兼ね備えていた。

環境保護団体 NRDC（Natural Resources Defense Council）と IFAW（International Fund for Animal Welfare）は，「メキシコ新塩田プロジェクト」の阻止に向けて，キャンペーンを展開した。同プロジェクトの予定地サンイグナシオ湾は，メキシコのバハ・カリフォルニア半島に所在し，コククジラの繁殖地として広く知られている。1993年，サンイグナシオ湾は，UNESCO（United Nations Educational, Scientific and Cultural Organization：ユネスコ）から世界遺産に指定されている。但し，ESSA の塩田事業計画の予定地は，緩衝ゾーン（＝産業活動が一切禁止されている生物保護区域・中核ゾーンの周辺［筆者注］）にあった。ESSA の塩田事業計画には，世界遺産指定地域の中核ゾーンの生態系に影響を与えないという条件が課せられていた。

1995年，塩田建設予定地付近の住民と，メキシコの環境保護団体 Group of 100 は，ESSA の事業計画に対して抗議活動を展開した。その後，NRDC と IFAW の協力を得て組織された「キャンペーン・サンイグナシオ（Campaign San-Ignacio）」（＝サンイグナシオ湾保護運動）は，メディア・キャン

ペーンを広範囲かつ長期的に展開した。NRDCとIFAWは，メディアを用いて抗議広告を展開し，サンイグナシオ湾の生態系の保護を全世界に訴えた（NRDC, 2000; IFAW, 2004）。「キャンペーン・サンイグナシオ」における主張は，「塩田から排出されるであろう高濃度の塩水が，コククジラやウミガメなどの生態系に影響を与える」という内容であった。

「キャンペーン・サンイグナシオ」に賛同した団体は，「スリーダイヤ・マーク（Three Diamonds）」を掲げた三菱系企業をボイコットの対象としたといわれている。同キャンペーンは，三菱系企業の株式を保有していた機関投資家を巻き込んで展開されることとなる[7]。

1997年9月，ESSAは，メキシコのバハ・カリフォルニア・スル州立大学（Universidad Autónoma de Baja California Sur）とアメリカのスクリップス海洋研究所（Scripps Institution of Oceanography）などの研究機関にEIA（Environmental Impact Analysis；環境影響アセスメント）を依頼した。2000年2月に実施されたEIAによれば，「メキシコ新塩田プロジェクト」は，「生態系への影響はない」という。また，1999年12月，UNESCOの世界遺産委員会は，「科学的データによれば，コククジラの成育状況は危機的なものではなく，頭数は増えている」という見解を示している。ほぼ同時期に，ユネスコ世界遺産委員会は，「世界遺産地域の生態系と景観の保全」について言及している（UNESCO, 2004）。

1999年9月，NRDCとIFAWは連携して，三菱グループ各社の商品対象のボイコットを開始した。IFAWの資料には，次のように記されている。「塩田事業計画に反対する100万人以上の手紙が三菱系の企業に発送されている。カリフォルニア州の行政下にある自治体40以上の市では，塩田事業計画に抗議する決議が通過している。年金基金15団体は，塩田事業計画を阻止するために極めて重要な役割を果している。30人以上の自然科学者と，環境保護団体相互の連携行動（メキシコ国内の50の団体を含む）は，画期

---

[7] キャンペーン・サンイグナシオとは別件ではあるが，1996年，MMMA（Mitsubishi Motor Manufacturing of America, Inc；米国三菱自動車製造）におけるセクシャルハラスメントを理由として，NOW（National Organization for Women）がMMMAに対して集団訴訟を実施している。

的な結論を目標として掲げながら，統合的な努力の輪を広げている。(IFAW, 1999)」

1999年10月25日，三菱商事は，「(News Release) メキシコ新塩田関連『三菱』ボイコット運動に関するコメント」を発表した（添付資料1参照）。同文書によれば，1999年10月22日，アメリカ国内の機関投資家15社は，三菱グループ各社の株式の購入中止を発表したという。また，三菱グループ各社に対するボイコットもアメリカ全土で組織されているという。

2000年3月2日，メキシコのセディージョ大統領（当時）は，塩田事業計画の中止を通告した。セディージョ大統領の通告を受けて，メキシコ通商産業省大臣兼ESSA会長ブランコは，「三菱商事は，メキシコ政府の決定を完全に支持するものである」と述べたという。

メキシコ政府の発表を受けて，2000年3月3日，三菱商事は，「(News Release) メキシコ新塩田プロジェクトの中止決定について」を公開し，「メキシコ新塩田プロジェクト」の中止を発表した（添付資料2参照）。「メキシコ新塩田プロジェクト」の中止発表と同時に，サンイグナシオ湾の一帯は，世界遺産およびメキシコの自然保護区として指定されている。また，「メキシコ新塩田プロジェクト」の経過は，日本の通商産業省（現；経済産業省）発行の『2001年版『通商白書』』にも紹介されている。旧通商産業省は，同プロジェクトの事実経過を説明したうえで，コラム（添付資料3参照）を寄せている（経済産業省，2001）。

三菱商事は，2001年8月公表「地球と社会へのコミットメント」のなかで，「環境NGOなどの社外のパートナーと共に地球環境に寄与する活動を継続的に実施しています」という方針を明らかにしている。また，三菱商事の経営方針「MC2003」には，「新たな価値創造への挑戦」というキーワードが掲げられている。「MC2003」には，次のような文言が記載されている。「変化の波に対応し，すべてのステークホルダーから評価されるような高い企業価値の創造を目指しています。人に，社会に，地球環境に対して調和のとれた社会的価値を提案し，実践していくことこそ，私たちに求められる価値創造のプライオリティであり，存続可能な社会の実現に向けた最

初のステップです。」「MC2003」の内容は，三菱商事が高次元の企業価値の創造を目標として掲げながら，進出先国ならびに第三当事国のステークホルダーとの信頼関係と協調関係の構築と維持に取り組む姿勢を表すものとして捉えることができる。(なお，『三菱キャンペーン』の事実経過の検証から明らかとなったことは，すべてのステークホルダーが三菱商事の事業活動に対して必ずしも妥当な評価をしているとはいえないという現実である。三菱商事と，第三当事国のステークホルダーとの間の信頼関係と協調関係に関しては，『善意の第三者』から見て公正な判断もまた必要である。)

3. 小 括

　企業活動のグローバル化の進展とともに，日本企業の行動様式は，① 日本国内のステークホルダーの行動様式と，② 進出先国のステークホルダーの行動様式と，③ 第三当事国のステークホルダーの行動様式によって規定されるようになってきている。たとえば，「味の素ハラール事件」に関して，味の素の行動様式は，進出先国のステークホルダーの行動様式によって規定されている。また，「三菱ボイコット」に関して，三菱商事の行動様式は，主として，第三当事国のステークホルダーの行動様式によって規定されている。

　以下，「三菱ボイコット」の事実経過から日本企業全般へのインプリケーションを導き出すこととしたい。

　第1に，第三当事国のステークホルダーの活動によって，企業と政府との間の契約が白紙撤回される場合がある。「三菱ボイコット」に関して，三菱商事の子会社ESSAの塩田事業計画（＝『メキシコ新規塩田プロジェクト』）は，関係当事国（例；メキシコ政府）および国際機関（例；UNESCO）によって提示された諸条件等を満たしていたにもかかわらず，NGOによって先導された「攻撃」の対象となっている。そして，数年間にわたる攻防を経て，ESSAとメキシコ政府との間の契約は修正を余儀なくされ，三菱商事は「メキシコ新規塩田プロジェクト」の中止を発表することとなる。

第2に，第三当事国のステークホルダーの戦略は，対象企業のグループ企業に向けられる場合がある。「三菱ボイコット」に関して，「メキシコ新規塩田プロジェクト」とは全く無関係の三菱系企業が「キャンペーン・サンイグナシオ」の対象としてリストアップされている。三菱系企業の選別の基準は，資本関係ではなく，「スリーダイヤ・マーク」であったといわれている。また，アメリカ国内では，機関投資家15社が三菱グループ各社の株式の購入中止を発表しただけではなく，カリフォルニア州を中心として，三菱グループ各社に対するボイコットも組織されている。

　第3に，進出先国における日本企業の経営課題は，第三当事国のステークホルダーによって，様々な権利の侵害という問題に置き換えられ，世界に再発信される場合がある。「三菱ボイコット」に関して，三菱商事ならびに同社の関連企業の経営課題と，それに対する各社の対応は，WWWを通じて，様々な権利侵害問題として瞬時に再発信されている。

　「三菱ボイコット」の事実経過に表れ出ているように，現代のグローバル社会において，企業が解決すべき現実的な経営課題は，社会構成員相互の思惑と利害関係が複雑に絡み合った状態で顕在化している。したがって，日本企業全般の経営課題の性格もまた複雑になってきている。このような状況のなかで，日本企業は，自企業・グループ企業・他企業における過去の経験を詳細に分析したうえで，現時点における経営課題の原因と結果の因果関係を明確にする必要がある。理由は，経営課題の原因を探り当てることなく，いわば場当たり的に対症療法的な措置を施したとしても，経営課題の発生原因の除去には至らないからである。特に，現代の資本主義社会を中心として，企業に対する権利要求の内容はますます多様化の様相を呈している。日本企業が解決すべき現実的な経営課題の根本的な解決と再発防止を図るためには，企業の経営管理者が，資本主義社会の構成単位としての個人または集団に保障された諸権利とそれにもとづいて主張される要求の内容を適時的確に読み解く必要がある。

参考文献

（日本語文献）

味の素『(プレスリリース) インドネシアにおけるハラール問題について』, http://www.ajinomoto.co.jp/press/2001_01_06.html, 2001年1月6日, 2004年7月1日アクセス。

伊藤文雄「インドネシアにおける『味の素ハラール事件』」『青山マネジメントレビュー』第2号, 2002年, 262-271頁。

海外事業活動関連協議会『海外事業活動関連協議会ホームページ』, http://www.keidanren.or.jp/CBCC/index.html, 2004年7月1日アクセス。

日下部聡「新たな資本主義のかたちと企業像」(鶴田俊正・糸田省吾・日下部聡編『産業再生と企業結合——課題・政策・ルール——』NTT出版, 2004年), 120-156頁。

木内孝『ニューエコノミー——熱帯雨林からの4つの提言——』たちばな出版, 1998年。

経済産業研究所『企業の社会的責任と新たな資金の流れに関する研究会』, http://www.rieti.go.jp/users/uesugi-iichiro/financial-flow/, 2003年12月4日, 2004年7月1日アクセス。

経済産業研究所『企業の社会的責任と新たな資金の流れに関する研究会——問題意識と今後の検討課題——』, http://www.rieti.go.jp/users/uesugi-iichiro/financial-flow/pdf/001_sakashita.pdf, 2003年4月7日, 2004年7月1日アクセス。

経済産業省大蔵官房政策企画室『日本企業の経営能力に関する調査研究』, http://www.meti.go.jp/kohosys/press/0004135/0/030609press.pdf, 2003年6月9日, 2004年7月1日アクセス。

経済同友会『第15回企業白書『市場の進化と社会的責任経営——企業の信頼構築と持続的な価値創造に向けて——』』2003年。

産業環境管理協会環境レポーティング委員会『ステークホルダー重視による環境レポーティングガイドライン2001』(経済産業省産業技術環境局環境政策課発行), http://www.meti.go.jp/policy/eco_business/houkokusho/guideline2001.pdf, 2001年6月, 2004年7月1日アクセス。

通商産業省『2001年版通商白書』http://www.meti.go.jp/report/tsuhaku/h13/html/1333z700.htm, 2001年5月, 2004年7月1日アクセス。

新原浩朗『日本の優秀企業研究——企業経営の原点——』日本経済新聞社, 2003年。

三菱商事『(News Release) メキシコ新塩田関連『三菱』ボイコット運動に関するコメント』, http://www.mitsubishi.co.jp/ndesk/newsr/991025.html, 1999年10月25日, 2004年2月10日アクセス。

三菱商事『(News Release) メキシコ新塩田プロジェクトの中止決定について』, http://www.mitsubishi.co.jp/environment/news/000303.htm, 2000年3月3日, 2004年2月10日アクセス。

宮本又郎・杉原薫・服部民夫・近藤光男・加護野忠男・猪木武徳・竹内洋『日本型資本主義——どうなるどうする戦略と組織と人材——』有斐閣, 2003年。

矢野友三郎「CSRは21世紀資本主義の重要な思想——トップの理解と社員教育が鍵——」『月刊アイソス』第68号, 2003年, 20-22頁。

（英語文献）

International Fund for Animal Welfare, *Environmentalists Tell Mitsubishi We "Don't Buy It" in California*, http://www.ifaw.org/ifaw/general/default.aspx?oid=16023, 1999年9月20日, 2004年7月1日アクセス。

International Fund for Animal Welfare, *IFAW Press Releases Campaign San-Ignacio*, http://www.ifaw.org/ifaw/general/default.aspx?oid=270, 2000年3月, 2004年6月18日アクセス。

International Fund for Animal Welfare, *MITSUBISHI We don't Buy It!*, http://www.ifaw.org/ifaw/dimages/

custom/media_center/Dont_Buy_it.pdf, 2000 年 3 月, 2004 年 7 月 1 日アクセス。

International Organization for Standardization, *Press Release 2003*, http://www.iso.ch/iso/en/commcentre/pressreleases/2003/Ref864.html, 2003 年 10 月 14 日, 2004 年 7 月 1 日アクセス。

Natural Resources Defense Council, *Whale Nursery Saved: Coalition Stops Mitsubishi from Building a Saltworks at Laguna San Ignacio*, http://www.nrdc.org/wildlife/marine/nbaja.asp, 2000 年 3 月 3 日, 2004 年 7 月 1 日アクセス。

Sommet d'Evian, *Pour le Croissance et une Economie de Marche Responsible Declaration du G8*. http://www.g8.fr/evian/francais/navigation/le_sommet_2003/documents_du_sommet/pour_la_croissance_et_une_economie_de_marche_responsable_-_declaration_du_g8.html, 2003 年 6 月 2 日, 2004 年 7 月 1 日アクセス。

United Nations Educational, Scientific and Cultural Organization. *El Vizcaino Whale Sanctuary: President of Mexico Announces Decision to Halt Saltworks Project at World Heritage Site*, http://whc.unesco.org/news/viscaino070300.htm, 2000 年 3 月 2 日, 2004 年 7 月 1 日アクセス。

三菱商事には，本章の内容を照会したうえで，以下に添付の報道資料の全文転載に関する承諾を得ている。本書の公刊の実現に向けて御協力を頂いた関係者の方々に，この場を借りて，厚く御礼を申し述べたい。

　三菱商事発行のニュースリリース（News Release）は，三菱商事の許可を得て掲載しています。三菱商事と筆者の許可なく，本書に掲載の報道資料の転用および転載を禁じます。（なお，本書におけるニュースリリースの転載に際して，筆者は，文書作成上の書式設定等は別として，ニュースリリースの内容を加筆ならびに修正致しておりません。但し，本書に転載したニュースリリースは，現在，三菱商事のウェブサイトに掲載されておりません。）

添付資料 1
News Release「メキシコ新塩田関連『三菱』ボイコット運動に関するコメント」

　米国時間 10 月 22 日（金）に IFAW（国際動物愛護基金）は記者会見し，米国の投資信託会社 15 社がメキシコ政府と三菱商事が計画している新塩田プロジェクトに反対して三菱グループ各社の株を購入しないことを決めたと発表しました。また，同基金は三菱グループ各社の商品不買運動も呼びかけています。

　新塩田プロジェクトの詳細は下記のとおりですが，メキシコ政府と三菱商事は，年末にも結論が出る環境影響度調査で，本プロジェクトが環境に影響を与えるものではないとの結論が下されない限り，計画に着手しないとの立場を再三言明しており，そのことは環境団体も知っています。

　にもかかわらず，調査結果が出る前に，ボイコット運動を呼びかけることは全くアンフェアーです。また，環境団体には，他三菱グループ各社は本プロジェクトに関係が無いと説明しているにもかかわらず，これらの会社までをもボイコットの対象とすることも理不尽です。

　下記の詳細をお読み頂き，本プロジェクトについて正しくご理解を頂くと共に，三菱商事が十分環境に配慮して事業を進めていることをご認識頂きたく，お願い申し上げます。

1. ESSA 社の既存塩田事業

　ESSA 社（Exportadora de Sal, S.A. de C.V.）は，メキシコ政府 51％，三菱商事株式会社 49％出資による天日塩生産合弁会社で，現在操業している塩田はメキシコのカリフォルニア半島中央にある太平洋沿岸ゲレロネグロにあります。

　創業は 1954 年で，塩生産量は年間約 700 万トンに達し，その半量以上がソーダ工業用，食品工業用として日本向け，残りは北米などに輸出

されています。

　ESSA 社はこれまで**環境保全に十分配慮しつつ操業を行っており、過去 40 年の操業を通じて生態系に悪影響を及ぼすような状況はこれまで生じていません。**

2. 新塩田プロジェクト計画

　ESSA 社は、現在のゲレロネグロ塩田から約 150 キロメートル南にあるサンイグナシオ地域における新塩田プロジェクトを計画しています。

　同地域はメキシコの生物保護区域に当たりますが、この保護区域は"コアゾーン"と"バッファーゾーン"と呼ばれる二地域に分類されており、コアゾーンではいかなる産業開発も禁止されています。一方、新塩田プロジェクト予定地はコアゾーンの保護を目的とする"バッファーゾーン"に位置するため、メキシコ環境省の定めるガイドラインに沿った環境影響評価調査（EIA）に基づき、コアゾーンに影響を与えないとの結論が下されるとプロジェクト実施が承認されます。

　EIA は ESSA 社の委託を受けたバハカリフォルニア南州立大学が中心となり海洋環境調査に関する世界的権威である米国のスクリプス海洋研究所、メキシコの UNAM 大学などの研究者を加えたチームが実施中で 1999 年末迄にその結果が出る予定です。

　ESSA 社はメキシコ環境省にその内容を報告し、同省はそれを受けて国際的な科学者による委員会に諮問し、結論を得ることになっています。**ESSA 社は、環境省より新塩田プロジェクトが環境に影響を与えるものではないとの結論が下されない限り、同プロジェクトに着手することはないとの立場を以前より繰り返し言明しています。**

　又、世界遺産委員会の諮問機関である IUCN の科学者も本年 8 月に ESSA 社を訪問し環境調査を行っておりこの結果も近々公表される予定であります。

3. 塩田事業、新プロジェクト計画に伴う環境問題と ESSA 社の取り組み

こうした状況下で、米国の環境団体 NRDC（Natural Resources Defense Council）や IFAW（International Fund for Animal Welfare）等は、ESSA の新塩田プロジェクト取組みには下記問題が有るとしてその計画推進阻止の運動を展開しています。

A. クジラへの影響

毎年 12 月から 3 月にかけ、クジラ（北太平洋産のコククジラ）がアラスカ沖から米国西岸を経由して既存事業を展開しているゲレロネグロに接しているオホデリエブレ湾と新プロジェクト予定地であるサンイグナシオに接しているサンイグナシオ湾にも回遊してきます。なお、**コククジラは 1994 年に絶滅の危機に瀕する種の対象リストから外されています**。環境団体の主張は、新塩田プロジェクトが実施されると、海水汲み上げによる海水の濃度変化や塩輸送船の航行、新設予定の塩積出し用桟橋などがコククジラの生活体系に影響を与える、というものです。

ESSA 社は、1954 年の創業以来 40 年以上にわたって操業を行っていますが、コククジラへの影響が報告されたことはこれまでいっさいありません。むしろ、オホデリエブレ湾におけるメキシコ環境省による調査では、コククジラの回遊数は 1987 年から 91 年にかけて報告された約 600 頭に比べ、92～96 年は約 1,000 頭、97 年には約 1,600 頭、そして 98 年には約 1,800 頭と急増を示しています。

ESSA 社はメキシコ環境省にその内容を報告し、同省はそれを受けて国際的な科学者による委員会に諮問し、結論を得ることになっています。**ESSA 社は、環境省より新塩田プロジェクトが環境に影響を与えるものではないとの結論が下されない限り、同プロジェクトに着手することはないとの立場を以前より繰り返し言明しています**。塩田事業は太陽光、海水、風など枯渇の心配がない天然資源を利用する、本来、環境に

ほとんど影響を与えない事業です。むしろ、元来、不毛の平地であったゲレロネグロ地域に堤防を築き、海水を汲み入れることによって塩田（深さ1メートル程度の塩の池）が出現し、その塩田に新たにブラインシュリンプ（小エビの一種）が生息し、それを餌にする110種類の小鳥や渡り鳥が集まるようになり、**新たな生態系を形成する結果を生んでいます。**ESSA社はまた、ミサゴ（鷹の一種）などの保護活動を積極的に行う一方、操業上、環境保全に十分な対策を講じ、配慮をしています。たとえば環境団体が懸念するような輸送船とコククジラの衝突は起きていません。

B. 生物保護区域への影響

　二点目は、新塩田プロジェクトの予定地が生物保護区域に当たることおよび同予定地に隣接するサンイグナシオ湾が国連による世界遺産指定地域に当たるため、それらへの影響という主張です。前述したように、ESSA社は現在EIAを実施しており、その結果を踏まえたメキシコ環境省の結論に従う予定です。

　世界遺産地域への影響については、対象のサンイグナシオ湾がコククジラの回遊地域であることから指定されていますが、新塩田プロジェクトは同湾内の海水を汲み上げるだけで湾内に塩田を作る計画はなく、塩積込み用の設備も湾外に建設されるため、船舶の往来はありません。こうしたことから湾内の環境は十分保護されることになります。

以上

備考：三菱商事『メキシコ新塩田関連『三菱』ボイコット運動に関するコメント』, http://www.mitsubishi.co.jp/ndesk/newsr/991025.html, 1999年10月25日。（備考：同資料は，三菱商事のウェブサイトから削除されています。）

添付資料2
News Release「メキシコ新塩田プロジェクトの中止決定について」

　三菱商事，メキシコ政府及び両社の合弁会社である ESSA 社は，メキシコのサンイグナシオ地方で計画していた新規塩田プロジェクトを推進しない事を決定いたしました。新規塩田に関しましては，我社はこれまで，『環境影響評価を実施中であり，同調査で，本プロジェクトが環境に影響を与えるものでないとの結論が下されない限り，計画に着手しない』，との立場を繰り返し表明してきました。今回の決定は，先頃完成した環境影響評価でプロジェクトが鯨を含む環境に影響を与えないことが科学的に証明されたものの，ユネスコをはじめとする複数の責任ある団体が，新規塩田の建設により現状の景観が変貌することに伴って，地域全体としての環境価値が変化することに対して強い関心を示しており，この問題をメキシコ政府・ESSA 社並びに我社が重視し，環境に関する極めて高次元の判断を行なったことによります。ESSA 社は今後も，西半球野鳥保護ネットワーク，アメリカ野鳥保護会やその他の環境団体などとともに既存塩田を中心にゲレロネグロに形成されている豊かな生態系の更なる充実へ努力を傾注していく方針であり，我社は ESSA 社の株主として，メキシコ政府とともに，こうした ESSA 社の活動方針を支援して参ります。尚，今回の新規塩田開発計画を中止する決定が既存塩田の現生産に影響することは無く，今後とも安定的に同社製品が我社顧客に供給されます。

以上

備考：三菱商事『メキシコ新塩田プロジェクトの中止決定について』，http://www.mitsubishi.co.jp/environment/news/000303.htm，2000 年 3 月 3 日。(備考：同資料は，三菱商事のウェブサイトから削除されています。)

添付資料3
「2001年版通商白書」コラム

　メキシコのバハ・カリフォルニア半島にあるサンイグナシオ湾は、カリフォルニア・グレー鯨（＝コク鯨［筆者注］）が出産及び子育てをする場所の1つとして知られていた。メキシコ政府と三菱商事の合弁企業である塩輸出公社（ESSA）は、1976年からゲレロ・ネグロ（＝ゲレロネグロ［筆者注］）で塩田事業を営んでいたが、1991年に設備拡張と新規塩田開発を計画していることが報じられた。

　1995年にメキシコの環境保護団体「グループ・オブ・100」がESSAの開発計画に抗議、その後、米国の環境NGO「自然資源防衛委員会（NRDC）」と「国際動物福祉基金（IFAW）」が「高濃度の塩水が生態系に悪影響を与える」と主張し、1999年9月末から三菱グループに対する不買運動を開始した。これらの団体は、新聞やテレビでキャンペーン広告を流したり、インターネット上にサンイグナシオ湾の生態系の保護を訴える内容のホームページを立ち上げる等の抗議活動を展開した。

　サンイグナシオ湾は1993年に国連教育科学文化機関（UNESCO）から世界遺産に指定されていたが、塩田開発が予定されていた場所は緩衝ゾーン（産業活動が一切禁止されている生物保護区域・中核ゾーンの周辺）にあり、中核ゾーンの生態系に影響を与えないことが事業活動を行う条件となっている。こうしたことから、ESSAは1997年9月に地元のバハ・カリフォルニア・スル州立大学や米国のスクリップス海洋研究所等に環境影響評価（EIA）を依頼していた。1999年12月にUNESCO世界遺産委員会は「科学的データによれば、鯨の生育状況は危機的なものではなく、その数は増えている」とする一方で、世界遺産地域の景観が大きく変わることへの懸念を表明した。

　2000年3月にメキシコのセディージョ大統領（当時）は計画中止を

発表し、その理由として世界遺産地域の生態系と景観の保全を挙げた。NGO側はこの開発中止決定を「世界でも有数の大企業に対する市民の勝利」（NRDC）と位置づけ、新聞広告や電子メールの活用が世界中から反対運動に参加した人々の結束力を高めたとコメントしている。その意味で、本件は、NGO活動のネットワーク化を示す好例と言えるだろう。

備考：通商産業省『2001年版通商白書』http://www.meti.go.jp/report/tsuhaku/h13/html/1333z700.htm, 2001年5月, 2004年7月1日アクセス）

結章
超・ステークホルダー型企業モデルと企業の存在価値
――確認事項の提示――

　本書は，企業と社会の関係様式の変化を所与の条件として，企業の行動様式がステークホルダーの行動様式によって規定されているという状況認識の根拠を明示した。結章は，本書の内容全般の総括として，4項目の確認事項を提示するものである。確認事項1は，企業の行動様式とステークホルダーの行動様式の相関関係を確定する。確認事項2は，企業とステークホルダーとの間の信頼関係と協調関係の構築に関する条件を提示する。確認事項3は，本書の結論と今後の研究課題を提示する。

　　確認事項1：現代の資本主義社会において，企業と，企業に対する
　　固有の要求の実現を権利として主張しうる個人または集団との間の
　　関係は，「超・ステークホルダー型企業モデル」としてモデル化で
　　きる。

　現代の資本主義社会の構成単位としての個人または集団のなかでも，企業に対する固有の要求の実現を権利として主張しうる個人または集団は，企業のステークホルダーである。
　企業の行動様式はそれに変化を期待するステークホルダーの行動様式によって規定されるようになってきている。この場合，ステークホルダーは，「パワー・ステークホルダー」と「サイレント・ステークホルダー」に類別できる。「パワー・ステークホルダー」は，強力な発言力と威力によって，他のステークホルダーに比して優越的な地位を獲得する場合がある。また，

時と状況に応じて,「パワー・ステークホルダー」は非合法的な手段や暴力に訴え出るという事態も起きている。他方,「サイレント・マジョリティー」とも称すべき「サイレント・ステークホルダー」の存在は,「パワー・ステークホルダー」の後方に回され,あまつさえ無視されるという事態さえも起きている。理論は別として実際的には,企業の行動様式はステークホルダーの発言力の強弱によって規定されることもある。

確認事項2：企業とステークホルダーとの間の信頼関係と協調関係の構築には,(1) 経営管理者とステークホルダー間の相互承認と,(2)「善意の第三者」からの確かな承認が必要である。

企業とステークホルダーとの間の信頼関係と協調関係の構築に関しては,① 経営管理者本位という問題と,② ステークホルダー本位という問題を指摘することができる。前者の場合,経営管理者は,ステークホルダーに対して優越的な立場にたって,ステークホルダーとの間に信頼関係と協調関係を構築する。問題は,経営管理者の意図が優先され,ステークホルダーの意図が軽視または無視されるという点である。後者の場合,ステークホルダーは,企業に対して優越的な立場にたって,企業との間に信頼関係と協調関係を構築する。問題は,ステークホルダーの意図が優先され,経営管理者の意図は軽視または無視されるという点である。

こうした恣意的なステークホルダー認識を排除するためには,経営管理者とステークホルダー間の相互承認が必要である。当事者間の相互承認には,経営管理者の意図が軽視または無視されるという事態の回避と,ステークホルダーの意図が軽視または無視されるという事態の回避が期待される。しかし,経営管理者とステークホルダー間の相互承認には,解決すべき課題もある。たとえば,経営管理者とステークホルダーとの間の信頼関係と協調関係が,当事者以外の「善意の第三者」の立場から見て,容認せざる内容を含む場合である。したがって,経営管理者とステークホルダーとの間の信頼関係と協調関係には,「善意の第三者」からの確かな承認が必要となる。「善意の

第三者」とは，原則的には，経営管理者およびステークホルダーに対して利害関係を有しない個人または集団を想定している。「善意の第三者」の意見は，恣意的なステークホルダー認識の可能性を低減または排除するものとして期待される。

確認事項3：21世紀の資本主義社会における企業の存在価値は，原理原則に基づく判断と行動が可能な経営管理者と，社会構成員全体の知的水準によって担保されている。

　21世紀の資本主義社会もなお，原理原則にもとづく判断と行動が可能な経営管理者の養成と社会構成員の知的水準の向上は，企業社会の内部で発生しうる違法行為または非倫理的行為を凌駕する個人の育成を図る際に重要である。
　経営管理に関わる原理原則を修めた経営管理者には，一方では個別企業に固有のDNAを尊重しながら，同時に他方では企業とステークホルダーとの間の信頼関係と協調関係の構築と維持に向けて先導的な役割を果たすことが今後も期待される。なお近年，個別企業の実在理由が経営管理者の行動様式によって規定されているという状況認識に関する主張ならびに証拠が提出されるようになってきている。しかしながら，企業の存在価値に関する研究は遅々として進まず，依然として発展途上の段階にある。最大の原因は，企業の存在価値に関する研究が，企業一般に適用可能であり，なおかつありとあらゆる個人と社会を通じて常に承認されるべき絶対普遍の真理を追究しようとする点にある。今ここに，企業の存在価値に関する研究の方向性をあえて示すならば，企業の存在価値は，企業の機能（＝事業）と，企業の構造（＝組織）との間の関係を規定する概念として捉えることもできるであろう。個別企業の実在理由が様々な意味で問われるような時代を迎えた今，経営学の研究課題には，企業の存在価値に関する研究もまた重要な位置を占めることになるであろう。

付属資料
ステークホルダー・マネジメントの基本原則

序　論

　専門職業人によって管理されている巨大株式会社は，20世紀に特徴的な経済制度である。株式会社は，資源と知識の動員，生産性の増大，新技術・新製品・新規事業の創造などに関して，比類なく効果的であることが証明されてきている。株式会社が増殖かつ成長するのは，株式会社が，社会の構成員，すなわち，投資家の要求と，顧客・労働者・近隣住民の要求を実現するからである。株式会社の活動領域が全世界に拡大することによって，統合的かつ相互依存的なグローバル経済が形成されている。

　株式会社の成功は，様々な疑問と批判の対象となる。株式会社は，多種多様な個人とその関心が富の創造と分配をめぐって協調する任意かつ自発的な結社である。そのような目的に対して，現代の多国籍企業のような大規模かつその活動領域が広範囲に及ぶ組織体は効果的に統制または管理されているのか否かという疑問を提起する批評家もいる。また，企業統治において直接的に代表されている権益の範囲が限定されていることと，経営意思決定が公開されていないことを憂慮する批評家もいる。多国籍企業がその活動領域と連鎖の輪を拡大させることによって，経営管理者とその批評家の双方は，国境ならびに文化的価値を越えた「行動原則」の確立と，株式会社の広義の目的を個人と社会の規範と相反することなく長期的かつ持続可能な原理に基づいて実現するために必要な「行動様式」の確立を求めている。

　この文書において提示されている『ステークホルダー・マネジメントの基本原則』は，以上のような関心と要求に応じて作成されている。この原則

は,「経営管理者」に向けて提示されている。経営管理者は,株式会社の業績と影響に責任を負う。この原則は,現代における営利事業体の基本的な組織構造と組織目的に矛盾するものではない。また,この原則は,株式会社が「政治組織体」(polity)に転化することを提唱するものでもなく,株式会社が行政機関に転化することを提唱するものでもない。この文書において提示されているガイドラインは,経営管理者が便宜を与えるべき責務を負う会社構成員の存在を経営管理者に認識させることと,管理過程の公開性を高めることを意図して作成されている。

　経営管理者がステークホルダー・アプローチを採用することによって,企業の長期的な存続と成功に寄与するであろうという根拠は十分にある。経営管理者とステークホルダーとの間における積極的かつ相互支援的な関係は,組織の信頼を高め,親交とチームワークから生まれる組織の強みともいうべき『相関的富』に道を開き,当事者相互の協調的な努力を促進する。対照的に,経営管理者とステークホルダーとの間における対立と疑惑の関係は,形式的な文言を増やし努力も報酬も水泡に帰することとなる。結果として,時間的遅延と費用増大を招く場合がある。さらに,経営責任者は,倫理的または社会的な責任行動に対する評価が市場と公共政策の双方で競争優位の基盤となりうることを認識するようになってきている。倫理的または社会的な責任行動の評価測定は困難である。しかし,調査結果によれば,倫理的または社会的な責任の実践と,経営業績(例:利潤率・成長性)といういわば経済的または財務的な指標との間には積極的な因果関係を認めることができる。(消極的な因果関係は認められない)。したがって,ステークホルダー・マネジメントの良心的かつ継続的な実践が,財務上の業績指標と相容れないと判断する根拠はない。

ステークホルダー概念

　株式会社の事業活動によって――有利または不利な――影響を被る構成員は,株式会社の「ステークホルダー」である。ステークホルダーという用語

は，株式会社によって利益を得るか，損失を被るか，いずれかの集団を指して用いられている。（そのような集団は［翻訳者挿入］）あるものを危険にさらし，事業活動の帰結として，あるものを獲得または喪失する。ステークホルダー（例：投資家，従業員）の大部分は，明示的な契約を媒介として株式会社と連結する。それ以外のステークホルダー（例：顧客）の契約関係はその大部分が暗黙的である。それゆえ，問題が無ければ，（その契約関係が［翻訳者挿入］）詳細に検討されることはない。さらに，それ以外の権益——明示的または暗黙的な契約の網から外れた第三者——との間には契約関係が存在しない。それゆえ，その存在自体が意識されないこともある。そのような集団は，問題が生じるまで，株式会社との関係を認識することはないであろう。第三者への影響はそれが企業の内部関係と，企業と市場との関係の範囲外において生じるために，「外部効果」と呼ばれている。第三者への影響とは，たとえば，近隣住民が被る社会的費用と環境破壊である。このような影響は，組織体としての企業にとっては明らかに「外部的」だが，現実の問題であり，時と場合によっては，重要な意味をもつ。それゆえ，このような影響は責任ある経営管理者が視野に納めるべき事象である。経営管理者が企業業績の重要な側面を無視するのは，それらが「外部的」——おそらく故意に『外部化された』結果として——ゆえであるという考え方は適切ではない。

株主の地位

株主は，株式会社との関係から生じる潜在的な損益が残余部分として決められている点において，ステークホルダーのなかでも特別な地位を占めている。この場合，残余部分は，株主以外の，すべての請求権者が法によって指定された割当分を受け取った後の「残余」財産によって決まる。もし，ある企業が利益を得るか，そうなることが事前に予測された場合，当該企業の株主は配当金を受け取るか，それが所有する株式証券の売却益を得るであろう。他面，ある企業が損失を被るか，そうなることが事前に予測された場合，当該企業の株主はそれ相応の損失を被るであろう。（当然ながら，株主

以外の契約上のステークホルダーが利潤分配協定に含まれるであろうし，契約が認められない第三者［例：慈善活動家］であろうとも，企業の収益性の変化によって利益を得るか，損失を被る。）

とはいえ，ステークホルダーのなかで，株主が占める独自的な地位は，法律上の人工物としての経営体に対する株主自身の断片的な「所有」に基づく権益に帰すべきではない。また，株式証券の所有は，それ以外の方途によって株式会社と関係を結ぶのに比べ，「高リスク」を意味するものではない。実際のところ，（従業員の場合には）失業または（顧客の場合には）欠陥商品などの実現可能性は，それに関係する集団にとって深刻である。このような事実は，株式会社一社の倒産が，広範かつ多角的に投資を行なっている株主に与える衝撃と比較しても切実である。従業員と顧客のリスクが（債権者のリスクと同様に）問題視されるのは，株式会社が契約上の責務を行使し得ないからである。それとは対照的に，株主のリスクは，株主の「所有権」契約の本来的特性にある。すなわち，株主は，現時点での全残余財産を引き受けることに同意したか，未来の全残余財産に現在の市場価格を付けることに同意したと考えることができる。

経営管理者の法律的・道徳的義務

経営管理者は，会社機関のなかでも特別な地位にある。経営管理者は，多種多様な個人と集団を協調的かつ富を高めるネットワークに変えるために（そうでなければ，不可避の対立関係の数量とその激烈さを最小化するために），協調的な会社構成員との間に契約関係を締結する責任を負うだけではなく，非協調的なステークホルダーに便宜を与える責任を負う。経営管理者は，ステークホルダーの参加を奨励するために（そうでなければ，妨害しないために），事業活動から生み出された報酬と負担をステークホルダーに配分するだけではなく，ステークホルダーの満足度を高めるために必要な組織過程と組織文化を創り出す必要がある。

経営管理者の責任は，自由裁量権を前提として成立する。自由裁量権を条件として，経営管理者は株式会社に忠実義務を負う。この義務は，その

大部分が法律上の問題である。しかし，経営管理者の道徳的責任は，無差別（例：無意識に危害を加えること）という市場での基準を越えて，すべてのステークホルダーに向けられるものであり，株主であっても例外ではない。経営管理者はステークホルダーの存在を公然かつ誠実に取り扱うという責務を負うだけではなく，職務上の秘密を取得できる特権的地位と自由裁量権が実現可能とする利己主義的行動を回避するという責務を負う。経営方針と管理過程においては，ステークホルダーとの間の「相互依存関係」が強調されるべきであり，「公正」という共通の基準を応用したものが反映されるべきである。

基本原則の解説

> 基本原則1：経営管理者は，正当なステークホルダーの関心事を認識すべきであり，それ（＝ステークホルダーの関心事）を積極的に検討すべきであり，経営決定と実際の業務においてステークホルダーの権益を適切に考慮すべきである。

ステークホルダー・マネジメントの過程において，経営管理者は，ステークホルダーの存在を認識したうえで，ステークホルダーが株式会社の事業活動によって損失を被るのか，利益を得るか，いずれかを理解する。経営管理者が，ステークホルダーのなかでも，とりわけ投資家・従業員・顧客をステークホルダーとして積極的に認識するのは，投資家・従業員・顧客が企業に対して明示的または暗黙的な契約を有するからである。経営管理者が，それ（＝投資家・従業員・顧客［翻訳者注］）以外のステークホルダーをそれ（＝ステークホルダー［翻訳者注］）として認識するのは，後者が事業活動によって積極的な影響を被るか，消極的な影響を被るからである。第三者のなかには，企業に対して利害関係が認められていないとしても，企業に「要求」するものもいる。経営管理者は，すべての要請と批判に対して積極的に応える責務はない。経営管理者は，ステークホルダーの要求の妥当性を判断

する前に，ステークホルダーの要求を慎重に調査する責務を負う。

　ステークホルダーの関心事項の重要性の度合は，経営意思決定の各階層で異なり，時間軸に応じて異なる。現在の労働条件は，従業員にとって，最大の関心の対象である。商品の価格と品質は，顧客にとって，最大の関心の対象である。企業の長期的な存続と成長は，投資家にとって，最大の関心の対象である。企業の長期的な存続と成長は，企業が立地する地域社会にとっても，最大の関心の対象であろう。経営管理者が行動方針を立案する場合，経営管理者は，その行動に最も密接し，そしてその行動に必要不可欠となっているようなステークホルダーの権益を優先的に考慮すべきである。

　基本原則2： 経営管理者は，ステークホルダーの関心事項と貢献の程度を理解すべきであり，企業とステークホルダーとの間の関係から発生するリスクに関して，ステークホルダーの声に耳を傾けるべきであり，ステークホルダーとのコミュニケーションを進取的に図るべきである。

　企業内部のコミュニケーションと企業外部とのコミュニケーションは，双方ともに，経営管理者の重要な職能の一つである。効果的なコミュニケーションとは，伝達事項の「受容」と「発信」を意味する。経営管理者が「対話」に参加することによって，ステークホルダーの権益に対する理解は深まり，ステークホルダーは富を創出する効果的なチームに統合される。しかし，経営管理者が対話の実現に向けて努力したとしても，それは共同意思決定の条件ではない。ステークホルダーが経営管理者との間に共有可能な情報──経営戦略上の検討課題に関する情報──の質と量には限界がある。経営管理者は，問題解決に向けて，重大な決議事項とその諸結果の公開する義務と，影響を被る集団の見解と関心事項を明確に理解かつ正しく評価する義務を負う。開放的なコミュニケーションと対話「自体」がステークホルダーの便益であって，その内容または結果は別問題である。

基本原則3：経営管理者は，ステークホルダーの現時点の関心事と未来の時点での影響力に対して，即応的な行動過程と行動様式を採用すべきである。

ステークホルダーの権益と関心事は，ステークホルダーに応じて変化する。ステークホルダーの権益の内容もステークホルダーに応じて異なり，株式会社との関係の度合もステークホルダーに応じて異なる。ステークホルダーは，たとえば労働協約および株主総会のように，公式的かつ法律的に規定された制度を通じて，株式会社に対して利害関係を有する。また，ステークホルダーは，広告・広報活動・新聞発表を通じて，株式会社に対して利害関係を有する。さらに，行政機関の公務員などのステークホルダーは，公的職務と個人的な接触を通じて，株式会社に対して利害関係を有する。株式会社とステークホルダーとの間の関係は，株式会社とステークホルダーとの間の連絡様式・情報交換の様式・対話の機会などに応じて変化する。しかしながら，経営管理者による状況説明と事情説明は，ステークホルダーに応じて変化すべきではない。経営管理者がステークホルダーを取り扱う場合には，極度の慎重さが要求される。理由は，ステークホルダーが，複雑な問題状況ならびに，複数の選択肢を正確に理解かつ評価するために必要な能力を備えていないからである。

基本原則4：経営管理者は，ステークホルダーにおける努力とそれに対する報奨との間の相互依存的な関係を理解すべきであり，ステークホルダーのリスクと損失を考慮したうえで，事業活動から発生した便益と負担をステークホルダーに対して公正に配分すべきである。

営利企業は，ステークホルダー相互の便益の実現を目的として構成された合目的的な組織体である。ステークホルダー（例：近隣住民または第三者）は，意思の如何を問わず，企業の事業活動によって影響を被る可能性が

ある。また，ステークホルダーは，意思の如何を問わず，絶えざる不確実性と変化の結果に身を晒す可能性がある。業績向上を目標として，経営管理者は，すべてのステークホルダーに向けて，事業体との協同作業を継続するために必要な便益を配分する努力と，すべてのステークホルダーのリスクと損失を軽減するための努力を怠ってはならない。ステークホルダーにおける便益と負担を開放的かつ公正に配分するという行為は「それ自体」がステークホルダーの便益となる。経営管理者は，企業とステークホルダーとの間の相互依存関係を明確にするための努力を怠ってはならない。また，経営管理者は，契約関係を認めえないステークホルダーおよび非協力的なステークホルダーと，事業体との間の協同的な性質を明確にするための努力も怠ってはならない。

基本原則5：経営管理者は，公的機関と私的機関との協同連帯によって，企業の事業活動から生じるリスクと損失の最小化を図るための手段を講じるべきであり，たとえリスクと損失が発生したとしても，それ（＝リスクと損失）を適切に補償するための手段を講じるべきである。

富の協同的な創造は，市場を介在しないような結果も生み出す。結果のなかには，有益かつ歓迎すべきものもあり，有害なものもある。望まざる結果（例：消極的な外部効果）を統制しそれを改善するためには，他企業・民間部門の組織体・公的機関・政府機関との協力が必要である。経営管理者は，このような性格の団体との間の協力関係の構築に向けて先行的に行動すべきであり，有害な影響の削減と，影響を被る集団への補償を目的とした連携強化に向けて先行的に行動すべきである。「このような問題を企業が単独で解決することは不可能である」という見方は正しい。しかしそのような見方は「多党的な協力関係」を促進するためのものであって，怠慢と懈怠に対する弁解となってはならない。

基本原則6：経営管理者は，譲渡不可能な人権（例：生存権）の侵害の可能性がある活動を回避すべきであり，関係当事者の許容範囲を超えたリスクを生じうる活動を回避すべきである。

人間行動の大部分の究極的な結論——巨額支出・利害得失・長期展望——を完璧に予測することは不可能である。それゆえ，経営決定と事業活動はリスクの温床となっている。経営管理者は，ステークホルダーに特徴的な役割から生じるリスクを公開すべきであり，適正かつリスク分与的な（かつ便益分与的な）プロジェクトの内容を必要に応じて協議すべきである。ステークホルダーがリスクと報償の組み合わせを容認すれば，そこでの協議内容は経営管理者とステークホルダー双方の要求を満たすものとして評価することができる。しかし，プロジェクトのなかには，考えられる限りの報酬でさえも十分ではないような結果をもたらすか，重要なステークホルダーが十分に理解かつ評価できないようなリスクをもたらすものもある。この場合，経営管理者は，承服しがたい結果を排除するように，プロジェクトを練り直す責任を負うか，必要ならば，そのようなプロジェクトを断念する責任を負う。

基本原則7：経営管理者は，(a)ステークホルダーとしての経営管理者の役割と，(b)すべてのステークホルダーの権益に対する法的責任と道徳的責任が潜在的には対立するということを理解すべきである。このような事実を掌握するため，経営管理者は，開放的なコミュニケーションと，適正な通報体制および通報奨励制度と，必要な場合には，第三者による評価などを利用すべきである。

これまでのところ，我々は，経営管理者が，ステークホルダーとの相互依存関係の調整に関心がないかのように論じてきた。しかし，経営管理者がステークホルダーの構成員であることは明らかである。経営管理者は，企業情報を特権的に入手できるだけではなく，経営決定に比類ない影響を与えうる立場にある。経営管理者が，ステークホルダーの構成員として，自己保身を

図り，報酬水準に関心を抱き，経営資源の利用に関する裁量権の範囲に関心を抱くことは当然である。経営管理者以外のステークホルダー（特に，株主と取締役）は，経営管理者の権益を株式会社全体の利益と一致させるための取り決めと，経営管理者という職位を機会主義的に乱用させないようにするための取り決めを考案してきている。

しかし，ステークホルダーとしての経営管理者の権益と，経営管理者以外のステークホルダーの権益と，継続事業体としての株式会社自体の権益との間に生じる緊張関係は避けることができない。責任ある経営管理者は，このことを事実として認めるであろう。責任ある経営管理者は，組織内部に生じた緊張関係の原因を抑止するために必要な組織実践を受容かつ促進するであろう。経営管理者が信頼を得るためには，経営管理者が自分自身の業績を統制するために必要な手続を確立しなければならない。また，その手続が適切な場合には，第三者による評価を促がす手続を確立しなければならない。信頼が問題となるのは，経営管理者が，機会主義的というよりもむしろ意思的に，株式会社の権益を優先して，ステークホルダーの権益を軽視した場合である。経営管理者とステークホルダーとの間の信頼関係は，経営管理者に対するステークホルダーの信用の基盤である。経営管理者とステークホルダーとの間の信頼関係が崩壊すれば，株式会社という組織体における協同的な性質も危機に瀕するであろう。

（この文書は，**株式会社再定義プロジェクト**の参加者の意見と示唆にもとづいて，ClarksonとPrestonとDonaldsonとBrooksによって作成されている。）

事項索引

あ行

IABS(『企業と社会』学会) 20, 21
　――の対象領域 21-23
IFAW 134, 135, 142, 144, 147
ISO(国際標準化機構) 130
IBM 98
味の素株式会社 132
味の素ハラール事件 131
RAN 134
アルフレッド・P・スローン財団 7, 33
EIA(環境影響アセスメント) 135, 143, 146, 147
ESSA 134, 142, 147
EPA(環境保護局) 15
インタレストグループ(インタレスト・グループ) 45, 49, 108, 109, 112, 115
インドネシア味の素株式会社 132
インドネシア食品医薬品局 132
ウォーターゲート事件 15, 110
AACSB 16, 20
AMA(アメリカ経営者協会) 31
AOM(アメリカ経営学会) 20
Exxon(エクソン) 18
SIM(経営における社会的課題事項)部会 20
　――の対象領域 21
SRI(スタンフォード研究所) 43
SBE(アメリカ企業倫理学会) 20, 29
　――のミッション 29-30,
AT&T(アメリカ電信電話会社) 16
ND原則 72
エビアン・サミット・2003 129
　――G8宣言 129
MIT(マサチューセッツ工科大学)スローン経営大学院 6
NRDC 134, 135, 144, 147
OECD(経済協力開発機構) 56
　――企業統治原則改訂版 56-57
OSHA(労働安全衛生局) 15

か行

海外事業活動関連協議会 131
海外腐敗行為防止法 17
カウンターベイリング・パワー 96
学科目としての
　――企業倫理 18
　――企業環境 16, 19, 20
　――公共政策 16, 19, 20
株式会社の再定義プロジェクト 7, 33, 34, 80
株主主権型企業モデル 35, 121, 127
環境影響評価調査(⇒EIA)
カント
　――主義 8,
　――の定言命法 8, 57, 82
機会均等 8
企業活動のグローバル化 102, 130
企業行動基準 101
企業市民 52
企業責任(⇒企業の社会的責任)
「企業と社会」論(B&S) 19
　――の研究者の役割 23
企業における倫理(⇒企業倫理)
企業の社会責任(⇒企業の社会的責任)
企業の社会的責任 24
　――の慈善原理 24
　――の受託原理 24, 49
企業の社会的責任のピラミッドモデル 25
　――経済的責任 25
　――法的責任 25
　――倫理的責任 25
　――慈善的責任 25-26
企業の社会的即応性 4, 24, 26, 50
企業の社会的道義(⇒企業倫理) 24, 26
企業倫理 29
　――の課題事項 13-14
　――関連の専門誌 30
　――関連のウェブサイト 30

事項索引　163

──ブーム　30
企業倫理学　28
　規範的──　28
　実証的──　28
企業倫理論　28-29
規則　102
キャンペーン・サラワク　134
キャンペーン・サンイグナシオ　134
Group of 100　134, 147
経営環境論　111
経営者の社会的責任　109, 114
経済広報センター　128
経済産業省　128, 130, 136, 147-148
　──大臣官房政策企画室　127
　──企業の社会的責任と新たな資金の流れに
　　関する研究会　130
経済産業研究所　130
経済同友会　129
公共関係業務（⇒パブリック・リレーションズ）
公正　8
功利主義　8
コスモス（宇宙）・科学・宗教　27
コスモポリタニズム（世界市民主義）　27

さ行

Survival International　134
サンイグナシオ湾製塩事業計画（⇒メキシコ新
　　塩田プロジェクト）
CED（経済開発委員会）　49
CSR（⇒企業の社会的責任）
CSR1（⇒企業の社会的責任）
CSR2（⇒企業の社会的即応性）
CSR3（⇒企業の社会的道義［＝企業倫理］）
CSR4（⇒コスモス（宇宙）・科学・宗教）
JSA（日本規格協会）　130
GHQ（連合国最高司令官総司令部）　106
　──CCS（民間通信局）　106
CCS経営者講座　106
自主規制　101
市民的利害関係集団　116
社会科学方法論　9, 59
条例　102
新塩田プロジェクト計画（⇒メキシコ新塩田プ
　　ロジェクト）

スクリップス海洋研究所　135, 143
Standard Oil Company（スタンダード・オイル）
　　49
ステークホルダー
　──型企業モデル　10, 13, 34, 64, 128
　──間の連携　95
　──関連法　56
　──・グループ　95
　──参加型の取締役会　55
　──重視の企業観（⇒ステークホルダー型企
　　業モデル）
　──条項　56
　──としての構成要件　67-68
　──の逆説　71
　──の構成単位　66
　──の構成要素　5
　──の語源　3, 43
　──の自己認識　5
　──の分布図　10, 64, 65
　──・パワー　93
　──・プロジェクト　7, 31-33
　サイレント・──　150
　進出先国の──　131
　パワー・──　149
ステークホルダー・アプローチ　45-59
　──の源流　45
　──の統合　59-60
　企業戦略論・戦略経営論における──　46-49
　「企業の社会的責任」論における──　49-52
　「企業と社会」論における──　52-54
　企業統治論における──　54-57
　企業倫理論における──　57-59
ステークホルダー研究
　──の論点　10, 59
　──の目的論的解釈　35
　──の方法論的特徴　35-37
　──の方法論上の規範法則　36
ステークホルダー総合　69, 70-72
　戦略的──　70
　多面的受託──　70-71
　新・──　71-72
ステークホルダー認識
　──の行為主体　4-5
　経営者における──　68-72

　　　　恣意的な——　150
ステークホルダーの分析的定義　10, 64-65
　　——にもとづく分類法　73-74
ステークホルダーの総合的定義　11, 65-68
　　——にもとづく分類法　74-75
ステークホルダー・マネジメント　48, 54
　　——の基本原則　10, 84-85, 152-161
　　——の基本方針　32
　　——のフェーズ　85-88
　　——のモデル　89-90
ステークホルダー理論
　　——の論理構造　82, 83-84
　　——における「記述的」要素　80
　　——における「技術的」要素　81
　　——における「規範的」要素　81
　　——における公理　81
スリーダイヤ・マーク　135, 138
積極的差別是正措置　14, 16
善意の第三者　150-151
組織学会　116
組織富　90-91

た行
第三当事国のステークホルダー　133, 137
ダイヤマレーシア　133
多元主義社会　49, 52
超規範　58, 102
超・ステークホルダー型企業モデル　11, 149
通商産業省（⇒経済産業省）
東京大学産業経済研究所　111
統合社会契約論　58
トロント・カンファレンス　80
トロント大学ジョセフ・L・ロトマン経営大学
　　　院クラークソン企業倫理センター
　　　7, 33

な行
内部告発　17
日本経営学会　109, 111, 115, 118
日本経営者団体連合会　131
日本経済団体連合会　130, 131

は行
バハ・カリフォルニア・スル州立大学　135
パブリック・リレーションズ　107
ハラール委員会　132
判決　102
PSC（製品安全委員会）　15
一橋大學産業経営研究所　106
フェミニスト哲学　57
ペンシルベニア大学ウォートンスクール　7,
　　31
ボイコット　14, 93, 135, 142
法律　101
法令（の）遵守（コンプライアンス）　19, 25
ホワイトカラーの犯罪　18

ま行
三菱グループ　135, 138, 142, 147
三菱商事株式会社　133, 142, 146
　　——（News Release）　142, 146
　　——の経営方針「MC2003」　136-137
三菱ボイコット　133, 137
命令　101
メキシコ新塩田プロジェクト　134, 143

や行
USSC（連邦量刑委員会）　18
USSG（連邦量刑ガイドライン）　18-19
Union Carbide（ユニオンカーバイド）　18
UNESCO（ユネスコ）　134
　　——世界遺産会議　135

ら行
利害関係構造論　117
利害関係者　112, 114
利害関係集団（⇒インタレストグループ・ス
　　テークホルダー）
利害者集団（⇒インタレストグループ）

わ行
割り当て制度　14, 16

人名索引

人名索引（英語文献）

Aaker, D. A., & Day, G. S. 17
Abrams, F. W. 49
Ackerman, R., & Bauer, R. 4, 26, 50
Agle, B. R., Mitchell, R. K., & Sonnenfeld, J. A. 77
Aguilar, F. J. 26-27
Alkhafaji, A. F. 55
Ansoff, H. I. 46, 47
Baumhart, R. C. 20
Berman, S. L., Wicks, A. C., Kotha, S., & Jones, T. M. 88-89
Boatright, J. R. 29
Bowen, H. 19
Bowie, N. E. 8, 57
Carroll, A. B. 74
Carroll, A. B., & Buchholtz, A. K. 13, 53, 66, 100
Charan, R., & Freeman, R. E. 18, 31, 100
Clarkson, M. B. E. 33
Davis, K., & Blomstrom, R. L. 20, 52
deButts, J. D. 16
Derber, C. 56
Dill, W. R. 46
Donaldson, T., & Dunfee, T. W. 58, 102
Donaldson, T., & Preston, L. E. 64, 80-82
Donaldson, T. 35
Emshoff, J. R. 87
Emshoff, J. R., & Freeman, R. E. 31, 32
Evan, W. E., & Freeman, R. E. 8, 57, 82
Frederick, W. C. 19, 24, 27
Freeman, R. E., & Gilbert, D. R. Jr. 48
Freeman, R. E., & Liedtka, J. 51, 123
Freeman, R. E., & McVea, J. 46, 48-49
Freeman, R. E., & Reed, D. L. 55
Freeman, R. E. 7, 29, 30, 31, 32-33, 36, 44, 46, 47, 64
Frooman, J. 94

Gerde, V. W., & Wokutch, R. E. 21
Goodpaster, K. E. 44, 56, 68-72
Gordon, R. A. 45
Harrison, J. S., & Freeman, R. E. 51
Hillman, A. J., & Keim, G. D. 48
Jacoby, N. H. 20
John, K., & Senbet, L. W. 54
Jones, T. M., Wicks, A. C. 36, 37
Jones, T. M., Wicks, A. C., & Freeman, R. E. 35, 46
Kant, I. 8
Kaysen, C. 12
Kochan, T. A., & Schmalensee, R. L. 6
Mayson, E. S. 12
McGuire, J. W. 19, 52
Merrill, H. F. 19
Mitchell, R. K., Agle, B.R., & Wood, D.J. 75-76
Mitroff, I. I. 44
Monks, R. A. G., & Minow, N. 56
Nader, R. 17
Phillips, R. 8, 58
Post, J. E., Lawrence, A. T., & Weber, J. 73
Post, J. E., Preston, L. E., & Sachs, S. 7, 12, 33-34, 90
Preston, L. E., & Donaldson, T. 36
Rhenman, E. 45
Rosenthal, S. B., & Buchholz, R. A. 28
Savage, G. T., Nix, T. W., Whitehead, C. J., & Blair, J. D. 87-88
Sethi, S. P., & Falbe, C. M. 15
Sethi, S. P. 111
Sethi, S. P., Namiki, N., & Swanson. 113
Sternberg, E. 55
Velasquez, M. G. 28
Waddock, S. 52
Wheeler, D. & Sillanpää, M. 73
Walker, S. F., & Marr, J. W. 96
Wicks, A. C., Gilbert, D. R. Jr., & Freeman, R. E.

57-58   Wood, D. J.   23

人名索引（日本語文献）

伊藤文雄　131
梅澤正　120
岡本康雄　116
海道ノブチカ　120
木内孝　134
日下部聡　128
工藤秀幸　118
後藤俊夫　106
小林俊治　107，118
櫻井克彦　115，121
高岡伸行　122
高田馨　114
高宮晋　114
谷口勇仁　122

谷本寛治　116
土屋守章　111
出見世信之　120-121
寺沢正雄　107
中村瑞穂　112，118
西山忠範　117
野田信夫　108
平井泰太郎　108，109
万仲脩一　120
宮坂純一　119
諸井勝之助　111
山倉健嗣　119
山城章　108
吉森賢　121

著者略歴

水村 典弘(みずむら のりひろ)

1974 年	東京都世田谷区生まれ。
1992 年	東京都立広尾高等学校卒業
1997 年	明治大学商学部卒業
2003 年	明治大学大学院商学研究科博士後期課程修了 博士（商学）
現在	埼玉大学経済学部助教授
担当科目	埼玉大学経済学部：経営学総論・企業経営論 埼玉大学大学院経済科学研究科：現代企業論

現代企業とステークホルダー
―ステークホルダー型企業モデルの新構想―

2004 年 10 月 10 日　第 1 版第 1 刷発行　　　　　　　　検印省略
2006 年 4 月 20 日　第 1 版第 2 刷発行

著　者	水　村　典　弘	
発行者	前　野　眞　太　郎	
	東京都新宿区早稲田鶴巻町 533	
発行所	㈱ 文　眞　堂	

電　話　03（3202）8480
Ｆ Ａ Ｘ　03（3203）2638
http://www.bunshin-do.co.jp
郵便番号（162-0041）振替 00120-2-96437

組版・㈱キタジマ　　印刷・㈱キタジマ　　製本・イマヰ製本

Ⓒ 2004
定価はカバー裏に表示してあります
ISBN4-8309-4492-7　C3034